AF534439

Kurt Tepperwein

Dein Weg zur Lebensfreude

SILBERSCHNUR VERLAG

ISBN: 978-3-96933-033-3

1. überarbeitete Auflage 2021

Gestaltung & Satz:
Umschlaggestaltung: XPresentation, Güllesheim; unter Verwendung verschiedener Motive von © KatyaKatya und © redchocolatte, stock.adobe.com; © pixabay.com; © freepick.com
Druck: Finidr, s.r.o. Cesky Tesin

Verlag »Die Silberschnur» GmbH · Steinstr. 1 · 56593 Güllesheim
www.silberschnur.de · E-Mail: info@silberschnur.de

Inhaltsverzeichnis

Einführung

Ihr Entschluss, sich mit der Thematik dieses Buches auseinanderzusetzen, zeigt, dass Sie – wie die meisten Menschen – Probleme haben, mit denen Sie im Moment nur schwer allein zurechtkommen. Sehr viele Menschen fühlen sich überfordert von den Schwierigkeiten ihres Lebens, empfinden sich als hilflos, als den äußeren Umständen ausgeliefert. Vielleicht fühlen auch Sie sich zeitweise unfähig, Ihre Konflikte zu lösen, wichtige Entscheidungen zu treffen, anliegende Probleme zu lösen. Vielleicht empfinden Sie sich sogar des Öfteren als Spielball Ihrer Umwelt.

Mit diesem Buch wollen wir dabei helfen, dass Sie Ihr Leben mit all seiner Problematik wieder selbst in die Hand nehmen können. Selbstverständlich können wir Ihnen nicht den Weg zur Lösung Ihrer individuellen Schwierigkeiten aufzeigen, aber wir können Ihnen helfen, diesen Weg selbst zu finden.

Dazu gehört ganz grundsätzlich einmal die Erkenntnis, dass jeder Mensch letztlich der Schöpfer seines

Schicksals ist und es somit auch überwinden kann. Es kommt vor allem auf die innere Einstellung an, mit der wir unser Leben und unsere Schwierigkeiten angehen. Wie die positive Änderung unserer Einstellung unsere Probleme beeinflusst, soll das Hauptthema dieses Buches sein. Weiterhin wenden wir uns systematischen Problemlösungsstrategien zu und einigen speziellen Problemkreisen, die für alle Menschen von größter Bedeutung sind.

Bevor Sie sich nun an das Lesen des ersten Kapitels begeben, sollten Sie die Fragen der folgenden Seiten beantworten – um für sich selbst im Voraus schon einmal ganz grob Ihre Erwartungshaltung zu strukturieren. Außerdem geben diese Fragen schon einen Hinweis auf den Gebrauch des Buches. Wer erwartet, dass sich mit einem bloßen »Durchlesen« irgendwas ändert, wird höchstwahrscheinlich schwer enttäuscht werden. Änderungen im Leben sind ohne den Einsatz von Energie nicht möglich. Wenn wir aber unsere Energie in die richtige Richtung lenken, sind sehr grundlegende und durchgreifende Veränderungen möglich. Hierzu noch eine kleine illustrierende Geschichte, über die es sich nachzudenken lohnt:

Nehmen wir an, man würde jemandem eine Kassette übergeben, voll Gold- und Silbermünzen und einer Menge Banknoten. Stellen wir uns weiter vor, der Empfänger lebt in einer baufälligen Hütte mit einem armseligen Bett, einem Stuhl und einem Ofen als Mobiliar. Er friert, ist hungrig und der Verzweiflung nahe. Jeden Tag öffnet er das Schatzkästchen, betastet die Goldstücke, zählt den Wert der Papiernoten, prüft die Daten und den Aufdruck, während er die Münzen aufhäuft und die Banknoten glättet. Dann legt er alles wieder in die Kassette und kehrt zu Kälte, Hunger und Verzweiflung zurück. Seht ihr, wie er seinen Reichtum von seiner täglichen Erfahrung trennt? Die Tatsache, dass er große Besitztümer hat, ist praktisch ohne Wert für ihn, denn er lebt so, als hätte er keine. Er kann das Gold betasten, er kann es anderen zeigen, aber ehe er nicht in seinem Sinn die Wand fortschafft, die seinen Reichtum von seiner täglichen Erfahrung trennt, ist dieser Augenblick von keinerlei Nutzen für ihn. Ganz ähnlich diesem Beispiel dürfte das von jemandem sein, der in seinem Besitz Bücher über die Wahrheit hat. Er liest sie, er macht sich ein Bild vom Himmel und dem vollkommenen Sein, wie es frei, herrlich und harmonisch ist, er aber lebt in Krankheit, Armut und Verzweiflung.

Jeden Tag nimmt er die Bücher in die Hand – er genießt den Klang der Worte, die Bilder himmlischer Gesundheit, von Harmonie und Glorie. Dann schließt er die Bücher und kehrt zu seiner Elendswelt zurück.

Warum habe ich mir dieses Buch gekauft?

Was erwarte ich – ganz konkret –
von diesem Buch?

Welches sind meine drei dringlichsten Probleme?

1

2

3

Was verhinderte bisher ihre Lösung?

Problem 1

Problem 2

Problem 3

Angenommen, eine »Wunschfee« erschiene mir heute Nacht und erlaubte mir, für jedes Problem eine Sofort-Lösung zu wünschen – wie sähen diese Traumlösungen aus:

Problem 1

Problem 2

Problem 3

Beantworten Sie die folgenden Fragen bitte ganz ehrlich für sich selbst:

Wie viel Arbeit, Zeit und Energie bin ich bereit, in die Lösung meiner Probleme zu investieren?

Werde ich zum Beispiel vorgeschlagene Übungen dieses Buches praktizieren?

Bin ich offen für neue, mir bisher ungewohnte Gedankengänge?

Kann ich mich mit meinen »negativen« Eigenschaften konfrontieren?

Bin ich bereit, erkannte Fehlhaltungen zu revidieren?

Die Einstellung zu unseren Problemen

Wir sind daran gewöhnt, Probleme, Schwierigkeiten und Konflikte, mit denen wir konfrontiert werden, als ungebührliche Belastungen zu sehen. Wir glauben, dass sie uns am »wirklichen« Leben hindern und dass wir sie deshalb so schnell und reibungslos wie möglich – ohne uns viel mit ihnen beschäftigen zu müssen – wieder loswerden sollten. Für die meisten Menschen bedeutet ein glückliches, erfülltes Leben Sorglosigkeit »auf der ganzen Linie« und das Freisein von allen Konflikten und Schwierigkeiten. Und so sind sie sehr schnell bereit, aufkommende Probleme zu verdrängen, ihnen aus dem Wege zu gehen; oder aber sie fühlen sich ihnen hilflos ausgeliefert.

Es ist von entscheidender Wichtigkeit, hier umdenken zu lernen. Wir brauchen keine Angst vor Problemen zu haben, denn sie bieten uns wertvolle Chancen zu unserer persönlichen Entwicklung. Das Leben ist ein Lernprozess – wenn wir nicht durch die Lösung der verschiedensten Konflikte unser Bewusstsein entwickeln, unsere enormen Möglichkeiten entdecken und nutzen, werden wir niemals erwachsen, sondern nur alt.

Probleme sind Aufgaben, die das Leben stellt. Sie geben uns die Möglichkeit zu wachsen.

Und wenn wir vor ihnen nicht davonlaufen, wenn wir uns ihnen stellen, werden wir intensiver, freier und letztlich glücklicher leben können.

Das Problem ist der Motor der Evolution. Wir lernen nur durch Aufgaben, durch Herausforderungen. Hat ein Mensch zum Beispiel einmal gelernt zu schreiben, so ist diese Aufgabe für ihn endgültig gelöst – sie wird sich in seinem Leben noch sehr häufig wiederholen, wird aber niemals mehr ein Problem für ihn sein. Nehmen wir aber nun einmal an, wir hätten uns dieser Aufgabe nicht gestellt, wir wären vor den Schwierigkeiten, die das Schreibenlernen stellt, davongelaufen. Unser ganzes Leben lang hätten wir Angst davor, in eine Situation zu geraten, in der wir schreiben müssten. Wir wären gezwungen, ungeheure Energien aufzubringen, um solche Situationen zu vermeiden –

viel mehr Energie, als zur Lösung der eigentlichen Aufgabe, des Schreibenlernens, nötig gewesen wäre.

Das mag vielleicht etwas banal klingen, aber auf anderen Ebenen – zum Beispiel auf der Ebene der zwischenmenschlichen Beziehungen – gibt es bei fast jedem Menschen solche Ängste vor nicht bewältigten Konflikten und Vermeidungstendenzen bei bestimmten Situationen, denen er sich nicht gewachsen fühlt. Wir brauchen auch keine Angst davor zu haben, vor eine unlösbare Aufgabe gestellt zu werden. Das Schicksal stimmt den Schwierigkeitsgrad der Aufgaben, die es uns stellt, auf unsere Fähigkeiten ab, die Lösung zu finden. Eine schwierige Aufgabe ist daher immer ein Kompliment des Schicksals an unsere Fähigkeit, die Schwierigkeit zu meistern und daran zu wachsen und zu reifen – unser Bewusstsein zu erweitern.
Wir sollten also die Einstellung zu unserer individuellen Problematik kritisch prüfen – sie nicht »wegwünschen«; es wäre schade, denn wir würden uns einer sehr wichtigen Entwicklungsmöglichkeit berauben.
Wir betrachten gerne jede Einschränkung und Behinderung als eine Ungerechtigkeit des Schicksals, gegen die wir wie ein Kind schreiend protestieren.

Viel sinnvoller ist es, uns zu fragen, welche Möglichkeiten zur Entwicklung denn in unseren Problemen liegen. Also statt zu fragen: »Woran hindert mich mein Problem?« sollte man die Frage stellen: »Wohin könnte mein Problem mich führen?«
Wenn wir mit einer derart positiven Einstellung an unsere Schwierigkeiten herangehen, werden wir sie nicht nur effizienter und leichter lösen, sondern auch die Chancen nutzen, die in ihnen verborgen sind.

Persönliche Notizen:

Sehen Sie sich vor dem Hintergrund dieses Kapitels doch nun noch einmal Ihre drei Hauptprobleme und deren »Traumlösungen« von Arbeitsblatt 1 an. Vielleicht werden Sie feststellen, dass Sie sich durch die gute »Fee« um wertvolle Entwicklungsmöglichkeiten gebracht haben.

Hier nun die alternative Fragestellung:

Wenn ich mich meinen Problemen wirklich stelle, an ihnen arbeite – worin liegen die positiven Möglichkeiten für mich?

Problem 1

Problem 2

Problem 3

Selbstmitleid

Kommen wir nun zu einem etwas heiklen Thema: zu der Auseinandersetzung mit unserem Selbstmitleid. Es gehört Ehrlichkeit und auch Mut dazu, sich mit diesem Gefühl zu konfrontieren – zunächst gar nicht zu sehen. Aber wenn wir uns einmal genau beobachten, stoßen wir fast alle auf Gedankengänge wie: »Hätten meine Eltern damals doch nur ..., dann würde es mir heute viel besser gehen« oder »X hat es gut, der hat viel mehr Chancen bekommen als ich« etc. Wir bedauern uns, trauern verpassten Möglichkeiten nach und vergeuden so unsere Kraft. Selbstverständlich ist es wichtig, sich mit seiner Vergangenheit auseinanderzusetzen und auch Trauer empfinden zu können z. B. über erlittenes Unrecht in der Kindheit. Aber wir dürfen die Vergangenheit nicht verantwortlich machen für alles, was uns heute zustößt – wir müssen uns von ihr lösen können, sie eines Tages überwunden haben. Die Vergangenheit können wir nicht ändern. Da hilft kein Selbstmitleid – aber die Zukunft gehört uns. Hier ist noch alles möglich, und deshalb sollten wir niemals unsere Kraft durch Selbstmitleid vergeuden. Wir brauchen unsere ganze Kraft für die bewusste Gestaltung unserer Zukunft. Wir müssen den Glauben gewinnen, dass wir die beklagten Umstände jederzeit ändern können, dass es in unserer Macht liegt, unser Leben in die von uns gewünschte Richtung zu lenken. Weshalb sollten wir uns leidtun, wenn es doch nur an uns selbst liegt, was wir aus unserem Leben machen? Die Zukunft liegt in unserer Hand – wir müssen uns klar darüber sein, dass nicht die Umstände Macht über uns haben, sondern dass es in unserer Macht steht, die Umstände zu ändern. Selbstmitleid allerdings ändert gar nichts – ich raube mir damit nur Energie und Kraft, vertue meine Zeit und belaste meine Gesundheit.

Wir sollten uns vornehmen:
Sobald ich von jetzt ab auch nur eine Spur Selbstmitleid bei mir entdecke, erfasse ich dieses Gefühl und löse es auf, bevor es mich erfassen kann.

Persönliche Notizen:

Auseinandersetzung mit der Vergangenheit

Was gefällt mir an meiner Vergangenheit?

Welche Entscheidungen würde ich wieder genau gleich treffen?

Was belastet mich, wenn ich an die Vergangenheit denke?

Welche Entscheidungen würde ich heute anders treffen?

Warum habe ich sie damals so getroffen?

Was waren bisher vor allem die Auslöser für meine Erfolge?

Woran lag es vor allem, wenn ich nicht erfolgreich war?

Wer und was in meiner Vergangenheit hat mich gefördert, begünstigt, mir geholfen?

Was war vor allem hindernd, störend, schwächend?

Kann ich aus den letzten Antworten Konsequenzen ziehen für mein heutiges Leben – wie sähen sie aus?

Aufspüren von Selbstmitleid

Welchen verpassten Chancen trauere ich häufig nach?

Welchen Menschen werfe ich (heimlich) vor,
sich nicht genug um mich zu kümmern
oder gekümmert zu haben?

Was alles werfe ich meinen Eltern, meinen
Freunden, meiner Familie, meinen Lehrern vor?

An welche negativen Erlebnisse der Vergangenheit muss ich sehr oft denken?

Auf wen oder auf wessen Leben bin ich neidisch?

Wem oder welchen Umständen gebe ich die Schuld daran, dass mein Leben nicht so verlaufen ist, wie ich es mir erträumt hatte?

Ein sehr wichtiger Faktor, der uns daran hindert, unsere Probleme anzugehen, uns ihnen zu stellen, ist die Angst. Angst ist oft sehr eng mit dem Leben der Menschen verbunden. Das Wort kommt aus dem Lateinischen – »angustus« = Enge. Wenn wir die Dinge zu eng sehen, zu begrenzt, dann bekommen wir Angst.
Die Angst hat viele Gesichter. Wir haben Angst vor Schwierigkeiten, vor Katastrophen, Unfällen, Verlusten. Für viele ist die Angst zu einem ständigen Begleiter geworden. Sie können sich ein Leben ohne Angst kaum noch vorstellen. Natürlich gibt es viele Dinge, vor denen wir uns mit Recht fürchten: Krieg, Grausamkeit, die Zerstörung der Umwelt usw. Dies alles sind aber nur die Auslöser für meine Ängste. Die eigentliche Ursache liegt stets in mir, in der Enge meines Denkens, im fehlenden Glauben an eine Sinnhaftigkeit meines Lebens, in der fehlenden Religion. Sobald wir unser Bewusstsein erweitern, verschwindet die Angst.

4 Schritte, Angst aufzulösen

Erster Schritt

Denken Sie sich 12 bis 14 Szenen aus, die ein Modell in der von Ihnen gefürchteten Situation zeigen. Jede Szene sollte realistisch sein, leicht vorstellbar und relativ einfach. Das Modell sollte von gleichem Alter und Geschlecht wie Sie sein. In jeder Szene lassen Sie das Modell eine bestimmte Angst ausstehen und sie meistern. Das Modell sollte seine Gefühle in Worte fassen. Jede Szene muss positiv enden. Schreiben Sie die Szenen vor Beginn der Übung nieder.

Zweiter Schritt

Stellen Sie sich die Szenen so vor, wie Sie sie niedergeschrieben haben. Halten Sie jedes Bild etwa 15 Sekunden vor Ihrem geistigen Auge fest. Es sollte ganz klar umrissen vor Ihnen stehen, ehe Sie zum nächsten übergehen. Die Übung dauert gewöhnlich 5 bis 10 Minuten. Spielen Sie jede Szene eine Woche lang einmal täglich durch.

Dann überprüfen Sie die Szenen und nehmen Veränderungen vor, wenn es nötig ist. Wiederholen Sie sie täglich für weitere zwei Wochen.

Dritter Schritt

Begeben Sie sich in die gefürchtete Situation. Fahren Sie mit dem Aufzug, nehmen Sie die U-Bahn, betreten Sie das überfüllte Zimmer. Dann versuchen Sie ganz bewusst, sich so zu verhalten wie das Modell in Ihrer Fantasieszene. Erteilen Sie sich die gleichen Selbst-Instruktionen und befolgen Sie sie.

Vierter Schritt

Bleiben Sie stets in der Übung, sowohl in der Fantasie als auch im täglichen Leben. Mit steigender Selbstbeherrschung ergibt sich gewöhnlich eine ständige Verminderung der Angst, die gleichzeitig Ihre Angstreaktion abschwächt.

Das Leben eines Menschen
ist das, was seine
Gedanken daraus machen.

Marc Aurel

Persönliche Notizen:

Positives Denken

Unsere Denkgewohnheiten sind ein sehr wichtiger Bereich und ein ganz grundsätzliches Thema in Bezug auf den Umgang mit Schwierigkeiten und Problemen. Uns ist meist gar nicht bewusst, dass wir in schematisierten Strukturen zu denken pflegen, dass wir uns negative Denkmuster angewöhnt haben, mit denen wir uns großen Schaden zufügen. Der erste Schritt, um irgendetwas zu verändern, ist immer eine Veränderung des Denkens.

Jede Veränderung
beginnt zunächst
in der Vorstellung.

Machen wir uns noch einmal bewusst, dass wir selbst mit unserem Denken die Weichen stellen für alles, was in unserem Leben geschieht. Gedanken sind Energien von sehr großer Kraft – mit ihnen programmieren wir unser Unterbewusstsein, das bestrebt ist, alle unsere Gedanken zu verwirklichen.

Letztlich gehen auch alle unsere Schwierigkeiten von uns selbst aus; denn das Unterbewusste empfängt alle seine Informationen von uns. In seinem Sinne funktioniert es richtig, wenn es alle – auch die destruktiven – Informationen materialisiert, also auch unsere Befürchtungen und Ängste. Wenn wir uns zum Beispiel vor einer Prüfung ständig mit der Vorstellung des Versagens quälen, muss unser Unterbewusstsein davon ausgehen, dass es eigentlich unser Wunsch ist, zu versagen. Die Chance, wirklich durchzufallen, ist dann sehr groß. Statt auf Erfolg haben wir uns auf Misserfolg programmiert. Oder wenn wir uns innerlich häufig mit Krankheiten beschäftigen, wenn unsere Befürchtungen, krank zu werden, unser Denken prägen, dann wird das Unterbewusstsein auch diese Vorstellungen realisieren und uns »krank machen«.
Wir sehen, wie wichtig es ist, positive Gedanken und Vorstellungen in unser Unterbewusstsein »einzugeben«. Positiv denken ist der erste Schritt, um positiv zu werden. Der Duden erklärt positiv als: Bejahend, vorteilhaft, günstig, ein Ereignis bringend, gut, sicher, tatsächlich, wirksam. »To be positiv about something« heißt, seiner Sache ganz sicher zu sein.
Positiv denken heißt, das Richtige zu denken und daran bewusst und beharrlich bis zum Erfolg festzuhalten.

Dazu gehört auch, NEIN sagen zu lernen: Gegenüber einer Autorität, einer unerwünschten Rolle und auch gegenüber einem unerwünschten Gedanken, ja sogar gegenüber den eigenen Wünschen, wenn sie uns vom Ziel abbringen. NEIN zu sagen bedeutet in Wirklichkeit, JA zu sagen zur eigenen Identität, und so wird das Nein auf der einen Ebene zum Ja auf der anderen.

Je mehr wir uns mit einem Gedanken identifizieren, desto mächtiger wird er, und ebenso wird ein unerwünschter Gedanke wirkungslos, indem ich ihm meine Aufmerksamkeit und damit mein Bewusstsein entziehe. Erkennen wir also die Macht des bewussten Denkens und setzen wir es ein, um unsere Ziele leichter, schneller und sicherer zu erreichen.

Doch es genügt nicht, einmal positiv zu denken. Nicht das Anfangen wird belohnt, sondern nur das Durchhalten. Positiv denken heißt vor allem durchhalten, und wahres positives Denken kann durch nichts erschüttert werden. Dabei sollte jeder falsche Gedanke als Auslöser genutzt werden, um ganz bewusst die richtigen Gedanken ins Bewusstsein zu nehmen und sie dort festzuhalten.

Positiv denken heißt also nicht, sich vom Negativen abzuwenden, es nicht sehen zu wollen, sondern vielmehr, das Gute, Hilfreiche in dem sogenannten Negativen zu erkennen. Zu erkennen, dass nichts im Leben mir wirklich schaden kann, nämlich meinem wahren ewigen Selbst, das unberührt ist von Geburt, Altern, Krankheit und Tod.

Positiv denken heißt zu erkennen, dass alles – auch und ganz besonders das Unangenehme, Schmerzhafte – mir helfen will, wenngleich der Bequeme, Schicksalsblinde gern bereit ist, auf diese Hilfe zu verzichten, weil er seine Bequemlichkeit, nicht aber seine Entwicklung im Auge hat.

Positiv denken heißt erkennen, dass es das Negative in Wirklichkeit gar nicht gibt, sondern dass wir nur das unangenehme Gute, das wir »notwendig« gemacht haben, so nennen, obwohl nur so unsere Not gewendet werden kann.

Positiv denken heißt auch erkennen, dass die beste Zeit, eine Aufgabe zu bewältigen, dann ist, wenn sie sich mir stellt. Und so löse ich sie sofort und bin wieder frei für eine neue Aufgabe.

Positiv denken heißt auch erkennen, dass das Schicksal stets ein Maßanzug ist, abgestimmt auf meine Kräfte und Fähigkeiten. Ich kann daher gar nicht überfordert werden.

Zum positiven Denken gehört auch das positive Reden und natürlich das positive Handeln, denn die Handlung ist die Krönung des Gedankens. Positives Denken wirkt nur, wenn wir auf unserer Ebene unseren Teil zur Verwirklichung beitragen.
Dann werden wir feststellen, dass unser positives Denken auch eine positive Gesellschaft anzieht. Wir müssen jedoch den Mut haben, Bekanntschaften, die schädlich geworden sind, loszulassen; denn die Menschen, mit denen wir umgehen, haben einen wichtigen Einfluss auf unser Leben. Wir verändern uns mit unserer Umgebung.

Auf den folgenden Seiten finden Sie einige Beispiele für echtes positives Denken. Das Erste beschäftigt sich mit dem richtigen Annehmen von Lob oder Kritik anderer Menschen, womit wir alle ja sehr häufig Schwierigkeiten haben. Kritik kann uns »völlig fertigmachen« – wir reagieren oft überempfindlich, aggressiv, ablehnend. In den meisten Fällen bringen uns weder Lob noch Kritik weiter. Versuchen wir also, auf eine positive Art mit dem umzugehen, was andere über uns denken und sagen.

Empfindlichkeit

Ich erkenne, dass Lob oder Kritik an mir immer nur die Meinung eines anderen darstellt, und die kann richtig oder falsch sein. Wenn sie richtig ist, dann bin ich dem anderen dankbar, dass er mich darauf aufmerksam gemacht hat und mir so Gelegenheit gibt, an mir zu arbeiten und mein Bewusstsein zu erweitern – mich zu verbessern, Falsches oder Unerwünschtes loszulassen. Ist es aber falsch, was er mir vorwirft, dann habe ich erst recht keinen Grund, ihm böse zu sein, denn er hat sich einfach nur geirrt, und jeder Mensch hat das Recht, sich zu irren.

Lobt er mich aber, so freue ich mich, dass er eine so gute Meinung von mir hat, aber ich weiß natürlich, dass auch dadurch keine neue Wirklichkeit geschaffen wurde: Auch das Lob ist nur die Meinung eines anderen über mich, die ich gelassen hinnehme. Ob also jemand Lob oder Kritik äußert – ich verhalte mich gleich gelassen und prüfe nur objektiv, ob und welche Konsequenzen ich daraus ziehen will, ziehe diese und lasse die Situation wieder los.

Frei von Lob und Tadel

Kritik	=	sachliche Information
Tadel	=	sachliche Information – verbunden mit einem negativen Gefühl
Lob	=	sachliche Information – verbunden mit einem positiven Gefühl
ALLES	=	**stets nur die Meinung eines anderen über mich – schafft keine neue Wirklichkeit**

Aufgeschlossenheit

Jeder Mensch ist für mich die Chance, die einmalig ist.

Entweder ich kann etwas für diesen anderen Menschen tun – dann gibt er mir die Möglichkeit zu säen, und ich bin dankbar dafür, dass ich seine Chance sein darf und er mir Gelegenheit gibt, etwas Gutes zu verursachen.
Oder er kann oder will etwas Gutes für mich tun – dann habe ich etwas Gutes verursacht, das sich nun durch ihn erfüllt.
Was auch immer der Fall sein mag – der andere ist für mich eine einmalige Chance, und ich bin aufgeschlossen und aufmerksam, um sie zu erkennen und zu ergreifen.

Zum positiven Denken gehört auch das positive Bild der eigenen Person. Mark Twain sagte: »Das, was jemand von sich selbst denkt, bestimmt sein Schicksal.« Wenn ich von mir selbst vor allem negative Vorstellungen nähre, wie sollen dann andere einen positiven Eindruck von mir bekommen können? Wenn uns etwas misslingt, so liegt es nur selten an der fehlenden Kraft, sondern meist an dem fehlenden Glauben an unsere Kraft und unsere Fähigkeiten, die wir niemals voll ausschöpfen.

Selbstverständlich ist nicht gemeint, dass wir einer Konfrontation mit unseren Schwächen aus dem Wege gehen sollen – aber wir müssen uns auch unserer Stärken bewusst sein und sie unserer Umwelt zeigen können, um unseren Weg zu gehen.
Als Beispiel bietet sich hier die Situation der Arbeitssuche an, bei der es ja vor allem darauf ankommt, seine Fähigkeiten und Talente zu sehen und sein Licht nicht unter den Scheffel zu stellen. Fräulein X verschickte folgendes Bewerbungsschreiben an mehr als fünfzig Geschäfte:

> »Hiermit bewerbe ich mich bei Ihnen um die ausgeschriebene Stelle. Ich habe eine Lehre als

Verkäuferin abgeschlossen, wurde jedoch nach der Ausbildungszeit nicht übernommen. Da ich über keinerlei Berufserfahrung verfüge, möchte ich diese bei Ihnen erlangen. Da ich zurzeit arbeitslos bin, bin ich an einer Einstellung sehr interessiert.«

Selbstverständlich kamen auf dieses Schreiben zunächst nur Absagen. Nachdem Fräulein X ihren Fehler eingesehen und gelernt hatte, ihre positiven Eigenschaften herauszufinden und auch zu »verkaufen«, klang das Bewerbungsschreiben so:

»Zuvorkommende, sorgfältige Kundenberatung, selbstständiges Verkaufen, flinkes Arbeiten, das sind die Aufgaben, die ich beherrsche und die mir Spaß machen. Ich bin ausgebildete Fachverkäuferin und habe meine Prüfung mit gutem Erfolg bestanden. Aufgrund meiner bisherigen Tätigkeit bin ich mit folgenden Bereichen bestens vertraut: ... Ich könnte jederzeit bei Ihnen anfangen und freue mich auf ein Vorstellungsgespräch.«

Prompt stellte sich auch bald der Erfolg ein – denn ihr Vertrauen in die eigene Arbeitskraft hat sich durch das neue Schreiben vermittelt.
Als Abschluss dieses Themenbereichs noch das Beispiel eines Bewerbungsschreibens, das sicherlich für sich selbst spricht:

> Sehr geehrter Herr ...
> Heutzutage wählen viele junge Menschen einen beliebigen Beruf, nur allein um »unterzukommen« oder weil ihr Vater zufällig den gleichen Beruf erlernt hat. Die meisten jungen Leute haben das Ziel, mit möglichst wenig Arbeit möglichst viel Geld zu verdienen und viel Freizeit zu haben und versuchen deshalb, allzu viel Arbeit von sich fernzuhalten. Alles dies führt dazu, dass sich die Anstellung eines Lehrlings als Zumutung oder zumindest als nicht rentabel erweist. Obwohl ich diese Situation kenne, möchte ich mich als Lehrling in Ihrem Betrieb bewerben. Denn ich sehe einen wichtigen Unterschied zwischen vielen meiner Mitbewerber und mir.

Ich möchte nämlich nicht zufällig eine Ausbildung als Einzelhandelskaufmann in Ihrem Reformhaus beginnen, sondern ich möchte später selbst ein Reformhaus führen. Schon lange habe ich meine Ernährung auf Reformkost umgestellt, da mein Vater Heilpraktiker ist und meine Kenntnisse gesunder Ernährung somit aus erster Hand kommen. Auch bin ich sehr daran interessiert, die wirtschaftlichen und unternehmerischen Fragen kennenzulernen, die sich beim Führen eines Reformhauses ergeben, und natürlich möchte ich auch lernen, sie zu lösen.

Hier sehe ich den wichtigsten Unterschied zwischen mir und anderen Berufsanfängern. Es mag sich zwar übertrieben anhören, aber es entspricht der Wahrheit: Ich möchte das, was Sie mir beibringen können, wirklich lernen. Ich bin wissbegierig und bereit, das zu tun und zu leisten, was ich leisten muss, um für Sie nicht nur keine Last, sondern eine wirkliche Hilfe zu sein. Wenn Sie also einen Mitarbeiter brauchen, der sich auch als Lehrling mitverantwortlich fühlt, der mitdenkt und seine Arbeit wirklich gern macht, wenn Sie also eine solche Ausnahme kennenlernen wollen, dann laden Sie mich doch einmal zu einem unverbindlichen Gespräch ein. Sie erreichen mich auch unter der Telefonnummer:

Ich freue mich auf das Gespräch.
Mit den besten Wünschen.

Feiger Gedanken
bängliches Schwanken
weibisches Zagen
ängstliches Klagen
wendet kein Elend,
macht dich nicht frei.
Allen Gewalten
zum Trutz sich erhalten,
nimmer sich beugen,
kräftig sich zeigen,
rufet die Arme der Götter herbei.

Goethe

Kleines Training des positiven Denkens

5 Dinge, die ich an mir hübsch finde:

5 Eigenschaften, auf die ich stolz bin:

5 Eigenschaften, die ich an meinem Partner (an einem Freund, einer Freundin) mag:

5 Dinge, die ich sehr gern tue:

3 Dinge, auf die ich mich heute freue:

3 Situationen, die in der vergangenen Woche sehr schön waren:

3 Situationen, die in der nächsten Woche sicherlich sehr schön werden:

Stellen Sie sich den Menschen vor, den Sie am wenigsten leiden mögen – denken Sie sehr intensiv an ihn. Versuchen Sie, 5 positive Eigenschaften an ihm zu sehen:

Über wen haben Sie sich zuletzt am meisten geärgert? Stellen Sie sich zuerst 5 liebenswerte Eigenschaften dieses Menschen vor und dann 3 Situationen, in denen es schön mit ihm war:

10 Gründe, warum es mir gut geht:

Auf den folgenden Seiten finden Sie positive Gedanken, die Sie ausschneiden und mit sich herumtragen können, um sich im Laufe des Tages immer wieder einmal hineinzuversenken. Gehen Sie auch selbst auf die Suche nach solchen Zitaten, die Sie zum Leitfaden für jeden neuen Tag machen können.

Bittet, so wird Euch gegeben.
Suchet, so werdet Ihr finden,
klopfet an, so wird Euch aufgetan.

Matthäus 7,7

* * *

Die Herrschaft über den Augenblick
ist die Herrschaft über das Leben.

M. von Ebner-Eschenbach

* * *

Bewältige eine Schwierigkeit,
und du hältst hundert andere von dir fern.

Konfuzius

Besäße der Mensch die Beharrlichkeit,
so wäre ihm fast nichts unmöglich.

Chinesischer Spruch

* * *

Niemand kann ehrlichen Herzens versuchen,
einem anderen zu helfen, ohne sich selbst zu helfen.

R. W. Emerson

* * *

Blicke in dich. In deinem Innern
ist eine Quelle, die nie versiegt,
wenn du nur zu graben verstehst.

Marc Aurel

* * *

Ein kluger Mensch lässt sich von
Schwierigkeiten nicht entmutigen;
er verdoppelt seine Energie und seinen Fleiß,
setzt seine Bemühungen standhaft fort und
kommt schließlich sicher zum Erfolg.

Lord Chesterfield

Der Heiterkeit sollen wir, wenn immer sie sich einstellt, Tür und Tor öffnen, denn sie kommt nie zur unrechten Zeit.

A. Schopenhauer

* * *

Drei Dinge machen einen guten Meister: Wissen, Können und Wollen.

Deutsches Sprichwort

* * *

Was du durch gutes Glück erhältst, nimm ohne Stolz an; was du verlierst, gib auf, ohne zu trauern.

Marc Aurel

* * *

Der ist beglückt, der sein darf, was er ist.

Hagedorn

* * *

Auch wenn ich wüsste, dass morgen
die Welt zugrunde geht, würde ich heute noch
einen Apfelbaum pflanzen.

Martin Luther

* * *

Dasein ist köstlich;
man muss nur den Mut haben,
sein eigenes Leben zu führen.

P. Rosegger

* * *

Für das Können gibt es nur einen Beweis:
das Tun.

M. von Ebner-Eschenbach

Klare Zielvorstellungen

Eine entscheidende Grundvoraussetzung zur Lösung jedes Problems (sowie auch ganz allgemein für das Erreichen jedes Zieles) ist, dass uns der gewünschte Endzustand sehr klar und konkret vor Augen steht. Diffuse, traumhafte Vorstellungen von einer Problemlösung führen nicht zur Freisetzung von Energie und auch nicht zu zielgerechten Handlungen. Im Gegenteil – häufig blockieren sie uns sogar. Es ist sehr viel leichter loszugehen, wenn man genau weiß, wo man ankommen will.

Die Vorstellung von unserem Endziel sollte sehr präzis, möglichst bis in alle Einzelheiten erdacht sein – dann können wir unsere Kräfte konzentrieren und auf dieses Ziel hin ausrichten. Außerdem sollte die Zielvorstellung sehr bildhaft sein – dadurch erleichtern wir es unserem Unterbewusstsein, die schlummernden Energien zu mobilisieren. Die Sprache unseres Unterbewusstseins ist die Sprache der Bilder.

»Schon die Vorstellung einer bestimmten Handlungsweise ist fast gleichwertig mit der Ausführung selbst.

Die gedankliche Übung ist die wichtigste Hilfe für die Vervollkommnung der Persönlichkeit. In einem Experiment wurde bewiesen, dass die rein gedankliche Übung des Bogenschießens – genügend lange durchgeführt – zur gleichen Vervollkommnung der Treffsicherheit führte wie das tatsächliche Bogenschießen selbst. Erfolgreiche Männer und Frauen haben schon zu allen Zeiten gedankliche Vorstellungen und Rollenspiele zu ihrer Vervollkommnung benutzt.«
(E. F. Freitag: Die Macht Ihrer Gedanken)

Die meisten von uns haben die Fähigkeit, in klaren Bildern zu denken, im Laufe ihres Lebens verloren. Was für kleine Kinder noch ganz selbstverständlich ist, erscheint uns Erwachsenen oft als eine schwer zu praktizierende Aufgabe. Aber wir alle besitzen diese Fähigkeit, wir müssen sie uns nur wieder »antrainieren«. Versuchen Sie gerade jetzt einmal, die Erfüllung irgendeines Ihrer Wünsche zu »imaginieren«, d. h. die Situation in ganz deutlichen Bildern vor Ihrem geistigen Auge zu sehen.

Übungen zur Schulung der Imaginationsfähigkeit

Einführungsübung:

(ca. eine Woche lang, täglich 5–10 Minuten)

Nehmen Sie einen Gegenstand, den Sie besonders gern mögen und stellen (bzw. legen) ihn vor sich auf einen Tisch. Setzen Sie sich bequem auf Ihrem Stuhl zurecht, lockern Sie Ihre Muskeln, nehmen Sie innerlich Abstand vom Alltag, schließen Sie die Augen und beobachten Ihren Atem – wie er kommt und geht – so lange, bis Sie das Gefühl haben, entspannt zu sein. Schauen Sie nun den Gegenstand sehr genau an und versuchen Sie, ihn sich mit wiederum geschlossenen Augen in allen seinen Einzelheiten vorzustellen. Versuchen Sie, ihn farbig und plastisch vor sich zu sehen. Wenn Sie ihn nicht mehr vor Ihrem inneren Auge haben, schauen Sie ihn sich wieder ganz kurz an und schließen dann die Augen erneut. Nach einigem Training werden Sie alle Gegenstände, mit denen Sie diese Übung durchführen, ganz klar vor Ihrem inneren Auge sehen können.

Übungen für »Fortgeschrittene«

Versuchen Sie – sobald es mit dem Visualisieren der Gegenstände schon gut gelang – sich Dinge vorzustellen, die Sie von früher her kennen, die für Sie heute aber nicht mehr zugänglich sind.

Mit geschlossenen Augen – nach einer kurzen Entspannungsübung.

1. Wie sah eines Ihrer Lieblingsspielzeuge aus?
   - der Weihnachtsbaum in Ihrem Elternhaus
   - ein Tier, das Sie sehr gern hatten
   - das Haus, in dem Sie aufgewachsen sind
   - ein Ihnen sehr lieber Mensch.

2. Stellen Sie sich eine kurze Szene aus Ihrer Vergangenheit in allen Einzelheiten vor.
   - z. B. wie Sie eine Prüfung bestanden
   - das Aufwachen an einem Geburtstagmorgen
   - ein schönes Erfolgserlebnis
   - das Eintreffen in einem Ferienort.

3. Stellen Sie sich eine Szene ganz genau vor, die in der Zukunft liegt.
   - z. B. das Frühstück morgen
   - der Weg zur Arbeit (zum Einkaufen)
   - Gespräch mit einer Freundin (einem Freund).

Übung:
»Bildhafte Problemlösung«

Stellen Sie sich vor, Ihre drei Hauptprobleme seien gelöst. Legen Sie schriftlich fest – möglichst mit allen Details – wie der gewünschte Endzustand aussehen wird. Malen Sie innerlich ein Bild der neuen Situation. Denken Sie sich eine kurze Szene aus, die typisch für die Situation sein wird. Beschreiben Sie sie:

Hilfsfragen:

- Wo spielt diese Szene?
- Wer ist beteiligt?
- Wer sagt was?
- Zu welcher Tageszeit spielt sich das Geschehen ab? – Wie fühlen Sie sich?
- etc.

Szene zu Problem 1

Problem 2

Problem 3

Abschlussübung

Diese Übung sollten Sie durchführen, wenn Sie für eines Ihrer Probleme eine »bildhafte Lösung« gefunden haben. Häufig wiederholt wird die Übung dazu beitragen, den »gewünschten Endzustand« tief in Ihrem Unterbewusstsein zu verankern.
Ziehen Sie sich an einen Ort zurück, an dem Sie sicher nicht gestört werden. Setzen oder legen Sie sich in die für Sie bequemste Stellung.

Schließen Sie die Augen.

Lockern Sie die Muskeln.

Beobachten Sie Ihren Atem, lassen Sie ihn allmählich tiefer werden und ganz gleichmäßig fließen.

Lenken Sie den Atem in jedes Körperteil,
bis der ganze Körper bewusst ist.

Erfüllen Sie jede Zelle Ihres Körpers mit
Wohlgefühl.

Hüllen Sie sich ein in Harmonie und Licht.

Dehnen Sie das innere Licht und Wohlgefühl aus,
bis es den ganzen Körper umhüllt und erfüllt.

Sagen Sie sich:

»Ich bin Gelassenheit, Harmonie, Wohlgefühl, Stille, Frieden. Ich ruhe in der Mitte meines wahren Wesens. Und mit jedem Atemzug lasse ich mich tiefer und tiefer sinken in ein wunderbares Gefühl der Ruhe und Entspannung. Ich bin ganz still und friedlich und lasse mich vertrauensvoll in die allumfassende Ordnung und Harmonie hineinsinken. Ein tiefer Friede erfüllt mich. Nun stelle ich mir einmal mein Elternhaus vor. Ich sehe ganz deutlich das Haus, in dem ich aufgewachsen bin. Es ist schön, dieses Haus wieder einmal zu sehen, und ich denke an Situationen, in denen ich damals ganz froh und ungebunden war, und ich bin ganz erfüllt von diesem wunderbaren Gefühl. Nun stelle ich mir eine Wiese vor und gehe einfach hinein in diese Wiese. Ich spüre das Gras unter meinen Füßen, fühle die warme Sonne auf meiner Haut und höre den Vögeln zu. Ich höre die Vögel zwitschern und nehme die Wiese mit allen Sinnen wahr. Die Wolken ziehen über den Himmel, und ich höre in der Nähe Wasser rauschen. Ich fühle mich wohl – ich fühle mich unsagbar wohl. Ich lege mich

auf die Wiese und spüre, wie ich eins werde mit der Natur. Ganz bewusst erkenne ich mich als einen Teil der Ordnung und Harmonie der Natur, und auch ich bin in Ordnung. Ich bin in vollkommener Harmonie mit mir und der Welt.
Ich weiß genau, was ich will. Ich rufe mir jetzt Wort für Wort meine vorbereitete bildhafte Problemlösung ins Gedächtnis. Dabei sehe ich den erwünschten Endzustand ganz deutlich und bildhaft vor meinem geistigen Auge. Wort und Bild sind eins. Ich setze damit jetzt ganz bewusst eine Ursache.

Während ich dieses Bild des gewünschten Endzustandes immer deutlicher vor meinem geistigen Auge sehe, erfüllt mich ein starkes Gefühl der Freude und Dankbarkeit, denn ich weiß, dass damit die Ursache gesetzt ist und die erwünschte Wirkung sich in meinem Leben verwirklichen wird. Ich bin aus tiefstem Herzen froh und dankbar.
Von nun an liegt es in meiner Hand, mein Leben und mein Schicksal zu gestalten. Ganz bewusst trete ich mein geistiges Erbe an und

setze meine Fähigkeiten bewusst ein. Ich gestalte bewusst mein Leben. Ich fühle mich wert, Erfüllung zu finden und identifiziere mich ganz mit dem erwünschten Endzustand.

Behutsam löse ich mich nun wieder aus der Situation – ich kehre zurück ins Hier und Jetzt. Ich öffne die Augen, bin wieder ganz im Hier und Jetzt und fühle mich wohl.«

Das Lösen von Problemen ist in hohem Maße auch eine Frage der Methode. Um richtige Entscheidungen treffen zu können, müssen wir planmäßig vorgehen. Wir müssen analysieren, wo der eigentliche »Knackpunkt« unseres Problems liegt und herausfinden, wo wir ansetzen können und in welche Teilschritte sich die Problemlösung zerlegen lässt. Dieses Vorgehen wird unseren Problemen gleichzeitig einen Großteil ihres Schreckens nehmen, weil sie überschaubar geworden sind.
Es ist immer sinnvoll, sich Listen zu erstellen mit dem genau definierten »Soll-Zustand« und den einzelnen Maßnahmen, die zu diesem Zustand führen können. Und auch schon im Anfangsstadium voraussehbare Schwierigkeiten und Hindernisse sollten von Vornherein bedacht werden.

Nehmen Sie sich Zeit für solche planerischen »Vorarbeiten« – sie werden Ihnen den Weg zu Ihrem Ziel erleichtern und manche Umwege ersparen.

Hierzu eine kleine Geschichte (aus: »Mehr Zeit für das Wesentliche« von Lothar J. Seiwert).

Ein Spaziergänger ging durch einen Wald und begegnete einem Waldarbeiter, der hastig und mühselig damit beschäftigt war, einen bereits gefällten Baumstamm in kleinere Teile zu zersägen. Der Spaziergänger trat näher heran, um zu sehen, warum der Holzfäller sich so abmühte, und sagte dann: »Entschuldigen Sie, aber mir ist da etwas aufgefallen: Ihre Säge ist ja total stumpf. Wollen Sie diese nicht einmal schärfen?« Darauf der Waldarbeiter (stöhnt): »Dafür habe ich keine Zeit – ich muss sägen.«

Problem 1

Welche Maßnahmen sind nötig,
um mein Problem zu lösen?

In welcher Reihenfolge sollte ich sie angehen?
Ich formuliere jeweils ein Teilziel in der richtigen
zeitlichen Reihenfolge.

Welche Hindernisse könnten mir auf dem Weg begegnen?

Was kann ich tun, um sie zu überwinden?

Arbeitsblatt 10

Problem 2

Welche Maßnahmen sind nötig,
um mein Problem zu lösen?

In welcher Reihenfolge sollte ich sie angehen?
Ich formuliere jeweils ein Teilziel in der richtigen
zeitlichen Reihenfolge.

Welche Hindernisse könnten mir auf dem Weg begegnen?

Was kann ich tun, um sie zu überwinden?

Problem 3

Welche Maßnahmen sind nötig,
um mein Problem zu lösen?

In welcher Reihenfolge sollte ich sie angehen?
Ich formuliere jeweils ein Teilziel in der richtigen
zeitlichen Reihenfolge.

Welche Hindernisse könnten mir auf dem Weg begegnen?

Was kann ich tun, um sie zu überwinden?

Die 7 Schritte zur Problemlösung

1. Exakte Definition des Problems

- Was genau ist mein Problem? (Schriftlich ausarbeiten.) In der richtigen Frage liegt meist schon die Antwort.
- Habe ich überhaupt ein Problem oder nur eine falsche Einstellung zu den Umständen, oder bin ich sogar selbst ein Problem?
- Was ist die wirkliche Ursache meines Problems? (Hierbei Ursache und Auslöser nicht verwechseln.)

2. Exakte Definition des Zieles

- Was genau ist der erwünschte Endzustand? (In Wort (schriftlich) und Bild (Imagination) ausarbeiten.)
- Bringt dieser Zustand wirklich die Erfüllung, das Glück? (Wohlstand z. B. bedeutet nicht nur Geld, sondern dass es in allen Bereichen wohl steht.)

3. Exakte Beschreibung des Weges zum Ziel

- Was ist der schnellste/kürzeste/beste/sicherste Weg?
- Welchen Weg würde ich einem Freund mit dem gleichen Problem empfehlen?

4. Exakte Beschreibung der erforderlichen Schritte

- Belastungen durch Vergangenheit auflösen.
- Schuldgefühle, Hemmungen, überholte Programme.
- Die inneren Voraussetzungen für den Erfolg schaffen, wie: Gedankendisziplin, Gelassenheit, Harmonie etc.
- Sich geistig und körperlich fit halten und die eigene Leistungskurve und Leistungsgrenze beachten.
- Eine neue Einstellung zu Problemen entwickeln. Die Meisterung der Schwierigkeiten als Sinn des Lebens erkennen.
- Festlegung der Teilziele und deren Reihenfolge.
- Sich den erwünschten Endzustand immer wieder in Wort und Bild vorstellen und mit Wunschkraft aufladen.

5. Meine Motivation

- Bin ich wirklich bereit, für das Ziel die erforderlichen Anstrengungen auf mich zu nehmen?
- Ich meide motivationshemmende Faktoren, indem ich nie mehr sage: »Ich kann nicht, ich bin zu schwach ...« usw.

- Ich stärke meine Motivation durch Selbsthypnose, positive Suggestionen, schöpferische Imagination, Kontakt zu positiven, erfolgreichen Personen etc.

6. Was mache ich, wenn es unter den gegebenen Umständen keine Lösung zu geben scheint?
   - Ich stelle fest, unter welchen Umständen eine Lösung möglich wäre.
   - Ich schaffe diese Umstände.

7. Problem lösen oder Misserfolg erkennen
   - Führen alle diese Schritte nicht zur Lösung des Problems, habe ich es nicht exakt genug erfasst und beginne wieder bei Schritt eins, diesmal noch gründlicher.

»Jede Entwicklung enthält ein irrationales Element oder eine schöpferische Intuition.«

Karl Popper

Bei allen Entscheidungsprozessen – und also auch bei Problemlösungen – spielt die Intuition eine sehr wichtige Rolle. Unser Unterbewusstsein weiß meist sehr genau, was wir brauchen, was für uns zu einem bestimmten Zeitpunkt richtig ist. Aber durch die jahrzehntelange Überbetonung des rein kausalen-rationalen Denkens, durch unsere heutige Reizüberflutung, durch unser Misstrauen gegenüber Emotionen und »unvernünftigen« Impulsen ist diese Erkenntnisquelle meist verschüttet.

Natürlich wollen wir hier nicht gegen analytische, naturwissenschaftliche Methoden predigen, schließlich nutzen wir sie ja auch bei unseren Problemlösungsstrategien. Aber wir wollen doch ganz deutlich darauf hinweisen, dass unser logisches Denken nicht die einzige Grundlage für Erkenntnis ist. Geht man bei der Lösung eines Problems nur von der Vernunft aus, kann dies zu fatalen Fehlentscheidungen führen, weil die emotionalen Faktoren außer Acht gelassen werden.

Je mehr wir unsere Intuition entwickeln, je mehr können wir unser persönliches Potenzial nutzen. Ganz allgemein gesagt sollten wir lernen, unseren Ahnungen, Eingebungen und spontanen Impulsen wieder mehr zu vertrauen.

Allerdings dürfen wir es uns nicht zu einfach machen – etwa nun den umgekehrten Grundsatz aufstellen: »Ich muss mich nur auf mein Gefühl verlassen, und schon wird alles gut«. Auf diese Weise könnten zum Beispiel unsere irrationalen Ängste die Oberhand gewinnen. Wenn wir wegen eines unguten Gefühls eine Sache nicht weiterverfolgen, kann das auch heißen, dass wir einer tief verwurzelten, neurotischen Angst gehorchen. Es geht also nicht um ein Entweder-Oder und auch nicht um ein Gegeneinander von Vernunft und Intuition und Emotionalität, sondern immer um eine Ergänzung. Unsere Intuition kann uns einen Weg zeigen, den wir dann mithilfe unseres kritischen Verstandes beschreiten. Oder wir können durch ein intuitives sogenanntes »Aha-Erlebnis« auf der Basis von vernünftigen Informationen zu einer plötzlichen Eingebung kommen, die uns die richtige Lösung zeigt.

Was aber ist nun eigentlich Intuition? Diese Frage ist nicht leicht zu beantworten – wir haben es hier mit einem kaum fassbaren, sehr vielschichtigen Phänomen zu tun. Im Lexikon zum Beispiel steht unter anderem: »Unmittelbare ganzheitliche Sinneswahrnehmung; unmittelbare, ohne Reflexion entstandene Erkenntnis des Wesens eines Gegenstandes.«
Durch Intuition ziehen wir häufig folgerichtige Schlüsse, auch wenn wir längst nicht alle eigentlich dazu benötigten Informationen zur Verfügung hatten. Oder – wie es oft in der Wissenschaft geschieht: Intuition führt zu einer Hypothese, die dann durch systematisches wissenschaftliches Vorgehen erhärtet wird. Intuitives Erkennen trifft uns oft wie ein Blitz aus heiterem Himmel, wenn wir gar nicht darauf vorbereitet sind und in keiner Weise geplant haben. Aber ganz so heiter, wie es uns vorkommt, ist dieser Himmel dann doch nicht: Er ist gewissermaßen getrübt von Vorüberlegungen, bewussten Denkanstrengungen und auch von vielen unbewusst

aufgenommenen Informationen und Eindrücken. Aber die Intuition kann die notwendigen Verbindungen herstellen, kann uns plötzlich erkennen lassen, wo der Kern eines Problems liegt und uns die für uns richtige Lösung zeigen. Intuitive Erkenntnis arbeitet häufig mit Assoziationen und Verknüpfungen aus dem Unterbewussten, die wir später mit dem besten Willen nicht mehr nachvollziehen können. Sie kann uns auch zeigen, wie scheinbare Gegensätze unter einen Hut zu bringen sind, was das logische Denken meist ja geradezu verhindert.

Das, was uns oft als »unglaublicher Zufall« oder »sagenhaftes Glück« erscheint, ist in vielen Fällen nichts anderes als Intuition – die berühmte innere Stimme, die uns sagen kann: »Tu dies, es ist richtig für dich« oder »Geh nicht zu diesem Treffen« usw. Da diese intuitiven Impulse oft sehr irrational und sinnlos erscheinen, sind wir nur äußerst selten geneigt, ihnen nachzugeben.

Hierzu ein Erlebnis Philip Goldbergs aus seinem Buch »Die Kraft der Intuition«:
»Als ich mit dem Exposé dieses Buches unterm Arm auf der Suche nach einem Agenten war, geriet ich

auch an eine literarische Agentin, die durchaus nicht nach meinem Geschmack war. Trotzdem gab ich meinem Impuls nach und ließ das Manuskript auf ihrem Schreibtisch liegen – und während des ganzen restlichen Tages schimpfte ich mit mir, was für ein Dummkopf ich doch gewesen sei, diesem Impuls zu folgen.

Am nächsten Tag rief mich eine befreundete Verlegerin an: Sie habe am Abend zuvor Jeremy Tarcher getroffen. Er habe auf dem Schreibtisch einer Literaturagentur den Entwurf zu meinem neuen Buch gesehen – ich sollte mich doch mal bei ihm melden ... Und damit hatte ich den Verleger für mein Werk gefunden.«

Kommen wir noch einmal kurz auf den scheinbaren Gegensatz von Rationalität und Intuition zurück. Unsere vorher beschriebene systematische Methode, Probleme anzugehen, ist kein Widerspruch zu dem hier laut werdenden Ruf nach mehr Spontanität und intuitivem Denken. Hier sei nur davor gewarnt, sich von der Vernunft und Systematik völlig vereinnahmen zu lassen.

Wenn uns an einem Punkt unserer systematischen Überlegungen zum Beispiel eine recht unorthodoxe Lösung des Problems »plötzlich« vor Augen steht, soll-

ten wir diesen Gedanken nicht verdrängen, weil er uns im ersten Moment unvernünftig scheint und nicht in unsere logischen, rationalen Gedankengänge passt. Auf solche »Gedankenblitze« sollten wir unbedingt hören und ihnen nachgeben. Wir müssen flexibel bleiben in der Wahl unserer Methode und unserem Unterbewusstsein so genügend Raum lassen.
So sollten wir auch unsere inzwischen schriftlich fixierten Ziele und Teilschritte immer wieder überprüfen und bereit sein, sie jederzeit wieder zu ändern, wenn sich irgendwelche neuen Aspekte ergeben. Zu starkes Beharren auf einem einmal festgelegten Weg kann auch blockieren. Indem wir uns immer wieder neu mit unseren Problemen und den möglichen Lösungen beschäftigen, können neue Wertungen auftauchen, wird unsere Intuition immer wieder neu angeregt.

Brainstorming

Eine Methode, seine Intuition anzuregen, ist das sogenannte »Brainstorming« – ein Nachdenken, bei dem sozusagen alles erlaubt ist, bei dem Gedanken nicht vernünftig und logisch sein müssen, nicht gewertet werden, sondern zunächst einmal nur gesammelt.

Hierbei ist es sehr wichtig, keinen Gedanken und keine Assoziation zu zensieren und sich nicht unter Leistungsdruck zu stellen. Es kommt überhaupt nicht darauf an, etwas richtig oder falsch zu machen – versuchen Sie, Ihrem Gedankenstrom völlig freien Lauf zu lassen.

Suchen Sie ein Wort, das den Kern Ihres Problems recht gut umreißt. Nehmen Sie das erste Wort, das Ihnen dabei in den Sinn kommt (auch wenn es nicht »gut« zu sein scheint) und schreiben Sie es in die Mitte von Arbeitsblatt 12. Lassen Sie nun für ca. 10 Minuten Ihre Gedanken fließen. Schreiben Sie alles um den Begriff herum, was Ihnen einfällt, ohne eine Idee zu schieben.

Nach einiger Zeit, am besten nach drei oder vier Tagen, schauen Sie sich diese Liste Ihrer Ideen und Assoziationen noch einmal an. Nun können Sie mithilfe Ihres kritischen Verstandes alle wirklich zu absurden Gedanken streichen und die übrig gebliebenen abklopfen auf ihre Bedeutung, ihre neuen Aspekte usw.

Dieses Vorgehen kann zu einer neuen Sichtweise, häufig auch zu entscheidenden, auf Intuition beruhenden, Erkenntnissen über das Problem führen. Oft geschieht es, dass wir mit der rein rationalen Methode emotionale Aspekte einer Situation unterbewerten. Lassen wir aber unserem assoziativen Denken mehr Raum, werden viele verborgene Aspekte aus dem Unterbewusstsein »hochgespült«.

Arbeitsblatt 12

Brainstorming

Die Paketübung

(nach E. F. Freitag)

Nehmen wir an, Sie haben schon sehr lange über ein bestimmtes Problem nachgegrübelt, Sie haben es analysiert, haben Wahrscheinlichkeiten in Betracht gezogen, sind aber irgendwie nicht zum Kern vorgestoßen. Ihr Verstand konnte Ihnen keine Lösung zeigen, die Sie befriedigt hätte.

Nun tun Sie Folgendes: Stellen Sie sich vor, Ihr Problem sei ein Ding. Nehmen Sie in der Vorstellung einen Karton, packen Sie Ihr Problem hinein und verschließen Sie diesen Karton ganz fest. Tragen Sie das Paket in den Keller. Es ist ein sauberer, trockener Raum, in dem ein Regal steht. Legen Sie das Paket dort ab und schließen Sie nach dem Verlassen des Raumes die Tür fest hinter sich zu.

Und nun nicht mehr an das Problem denken. Das ist sehr wichtig: Ziehen Sie Ihre Gedanken vollkommen von Ihrem Problem ab. Wenn Sie den Impuls spüren, daran zu denken, unterbrechen Sie Ihren Gedankenfluss sofort.

Nach einiger Zeit wird aus dem Keller – der natürlich das Unterbewusstsein ist – intuitiv eine Lösung für das Problem aufsteigen.

Diese Übung ist sehr effektiv, wenn man es schafft, das Problem wirklich in Ruhe zu lassen.

Entspannung

»Der Acker, der sich erholt,
gibt reichlich, was er dir schuldet,
zurück.«

Ovid

Für alle unsere Lebensbereiche ist es heute mehr denn je von immenser Bedeutung, dass wir uns entspannen können, wirkliche Pausen machen, dass wir ab und zu aussteigen können aus dem Alltagstrott und uns erholen – das gilt vor allem dann, wenn es um kreative, schöpferische Prozesse geht (wozu die Problemlösung ohne Zweifel gehört). Wenn wir uns – unserem Körper, unserer Seele und unserem Geist – keine Ruhe gönnen, geben wir unserer Kreativität und unseren intuitiven Fähigkeiten keine Chance.

Viele Menschen verwechseln Produktivität mit dem Hetzen von einem Termin zum anderen und ständigem »Routieren«. Vielen von uns ist heute die Fähigkeit, einfach einmal nichts zu tun, verloren gegangen.

Sicherlich gibt es heute die mannigfaltigsten sogenannten »Entspannungsmöglichkeiten« – das Fernsehen, die Disco, Bars, Spielsalons usw. Allerdings ist es nur selten jemandem irgendwo dort gelungen, die Erholung zu finden, die wir brauchen, um unsere schöpferischen Kräfte wieder aufzutanken und zu aktivieren. Was wir dringend benötigen, sind Möglichkeiten der Entspannung, die uns helfen, zu unserer Mitte zurückzufinden. Wenn wir uns in unseren seltenen Ruhepausen nur ablenken und uns in diversen Aktivitäten verlieren, lassen wir viele Kräfte in uns brachliegen, die sich nur in der Ruhe entwickeln können.

Auch lösen wir unsere Probleme nicht, wenn wir ständig etwas tun, etwa wenn wir in Gedanken ständig gegen sie anrennen. Oft tragen wir mehr zu ihrer Lösung bei (so paradox es klingen mag), wenn wir einmal gar nichts tun und uns so für kurze Zeiten von ihnen befreien. So kommen auch intuitive Ideen zur Lösung eines Problems hauptsächlich in entspannten Situationen, in denen man gedanklich nicht in sein Problem »verkrallt« ist.
Nehmen Sie sich vor, sich ab heute jeden Tag ein paar Minuten zu reservieren – zum Auftanken, zur

Erholung, einfach für sich selbst – und finden Sie für sich Möglichkeiten zur Entspannung heraus, die Ihren Bedürfnissen entsprechen. Machen Sie es sich zur Gewohnheit, wirklich jeden Tag einmal herauszutreten aus der »normalen« Hetze und dem Alltagsleben – ziehen Sie sich zurück in einen Raum, in dem Sie sich wohlfühlen und auf jeden Fall ungestört bleiben und schenken Sie sich zehn oder besser zwanzig Minuten. Sie werden sehen, dass dies nach einiger Zeit Wunder wirkt – wie es Ihnen hilft, mehr in sich zu ruhen und vieles gelöster und selbstbewusster anzugehen.
Auf den nächsten Seiten finden Sie Beispiele für Entspannungsübungen, die Sie ausprobieren, erweitern, abwandeln können – ganz wie es für Sie richtig ist.

Übung 1

Sie setzen oder legen sich in Ihrem »Ruhezimmer« bequem hin. Sie lockern Ihre Muskeln und beobachten Ihren Atem. Sie atmen aus, und ganz von selbst strömt der Atem wieder in Sie hinein, seien Sie ganz passiv, warten Sie einfach, bis das Einatmen von selbst kommt. »Es atmet Sie.«

Wenn Sie spüren, dass Ihr Atem ganz leicht und regelmäßig läuft, beginnen Sie, ihn bewusst zu regulieren. Atmen Sie ein und zählen dabei – das Ausatmen sollte dann genau doppelt so lange dauern. Spüren Sie, wie der Atem durch Ihren Körper strömt, verfolgen Sie ihn auf seinem Weg durch Ihren Körper.

Nach zehn bis fünfzehn dieser bewussten Atemzüge lassen Sie Ihren Atem wieder ganz locker strömen, und schließen Sie die Augen. Sie übergeben sich einer tiefen, wohltuenden Ruhe. Versuchen Sie, an nichts zu denken. Das wird erst nach recht langem Training gelingen – versuchen Sie es und seien Sie geduldig. Wenn Gedanken auftauchen, lassen Sie sie wie Heißluftballons am Himmel vorüberziehen.

Es ist sehr wichtig, dass Sie nichts von sich verlangen, dass Sie sich nicht unter den Druck setzen, nun unbedingt jedes Mal und von Anfang an diese gedankenfreie Ruhe herstellen zu müssen. Nehmen Sie alles hin, wie es kommt, sonst kann die Übung keinen Gewinn bringen.

Nach ca. fünf Minuten öffnen Sie die Augen, recken und strecken sich und fühlen sich frisch und erholt.

Übung 2

Bevor Sie diese Übung durchführen, sollten Sie sie sehr oft lesen, bis Sie sie ganz genau kennen. Während des Übens sollten Sie über die einzelnen Schritte nicht mehr nachdenken müssen. Lernen Sie die Suggestionen auswendig oder sprechen Sie sie auf ein Tonband – am besten mehrere Male hintereinander.

Sie setzen oder legen sich auf eine bequeme Unterlage. Die Augen sind offen, Sie befinden sich im Hier und Jetzt. Sie spüren ganz deutlich Ihren Körper, wie er von der Unterlage getragen wird.

Nun lassen Sie los. Sie lassen ganz bewusst los. Ihre Muskeln sind locker, Ihr Atem fließt ruhig. Sie beobachten Ihren Atem. Sie schauen auf einen Punkt und konzentrieren sich auf ihn. Alles andere versinkt, nur noch der eine Punkt existiert.

Nun schließen Sie Ihre Augen und richten Ihr Bewusstsein nach innen. Jede Zelle Ihres Körpers füllt sich mit Ruhe und Wohlbefinden.

> »Ich fühle mich wohl – ich fühle mich sehr, sehr wohl, und ein tiefer Friede erfüllt mich.

Ich ruhe in der Mitte meines Wesens. Mit jedem Atemzug spüre ich, wie Harmonie und Kraft meinen Körper erfüllen.
Jede Zelle meines Körpers ist erfüllt mit Ruhe, Kraft und Harmonie.
Ich ruhe ganz fest und sicher in mir.
Ich weiß, dass ich meinen Weg gehen werde.
Ich bin ruhig und sicher.
Wenn ich gleich meine Augen öffne, werden diese positiven Gefühle in mir bleiben. Sie werden mich bei allen meinen Tätigkeiten begleiten.
Langsam richtet sich mein Bewusstsein wieder nach außen. Ich höre Geräusche, nehme meine Umwelt wahr.
Sobald ich die Augen öffne, bin ich wieder ganz im Hier und Jetzt. Ich fühle mich wach, erfrischt und frei.«

Öffnen Sie nun Ihre Augen, recken und strecken Sie sich. Wenn Ihnen die Konzentration nach innen gelungen ist, werden Sie sich erfrischt fühlen wie nach einem tiefen Schlaf.

Persönliche Notizen:

Übung 3

Sie legen oder setzen sich bequem hin, lockern die Muskeln, beobachten Ihren Atem, entspannen sich mit einer Ihnen angenehmen Technik.
Sobald Sie spüren, dass Sie zur Ruhe gekommen sind, begeben Sie sich in Ihrer Vorstellung auf eine Reise. Wie in den Übungen zur Imagination ist es wichtig, dass Sie alle Ihre Vorstellungsbilder sehr deutlich und detailliert sehen: Spüren Sie die Sonne auf Ihrem Gesicht, nehmen Sie den Wind wahr, hören Sie Vogelstimmen, sehen Sie eine Blumenwiese farbig vor Ihrem geistigen Auge etc.
Das Ziel Ihrer Reise ist eine Quelle, von der Sie wissen, dass es die Quelle der Weisheit ist. Sie trinken von dieser Quelle und fühlen sich wie durch ein Wunder belebt, gestärkt und erfrischt. Sie ruhen noch einige Minuten aus, bevor Sie sich auf die Rückreise begeben (wobei Sie das Rauschen des Wassers hören usw.).

Zu dieser Übung ist eine kleine Vorarbeit notwendig. Während der Reise sollten keine Entscheidungen mehr zu treffen sein, was zum Beispiel Transportmittel, Ausgangspunkt, Reiseroute etc. betrifft; denn das

würde die Konzentration von den eigentlichen Bildern ablenken.
So sollten Sie Ihre Reise auf der folgenden Seite kurz vorausplanen.

Planung der »Vorstellungsreise«

Ausgangspunkt:

Transportmittel:

Reiseroute – Stationen:

Jahreszeit:

Tageszeit:

Wetter:

In welcher Umgebung liegt die Quelle der Weisheit:

Der Erfolgreiche fängt gerade da an,
wo der Erfolglose aufhört.
Misserfolge sind immer nur
Zwischenergebnisse.

Wie oft blicken wir mit Neid auf einen erfolgreichen Menschen, dem anscheinend mühelos alles zufällt, dem alles gelingt, was er anpackt. Und wir sind meist geneigt anzunehmen, dass dieser Mensch vom Schicksal begünstigt ist, dass er halt »Glück« hat. Und wenn wir Misserfolge einstecken müssen, so suchen wir die Gründe dafür am liebsten außerhalb von uns selbst, in anderen Menschen, in den ungünstigen Bedingungen – oder wir hatten eben einfach »Pech«. Auch hier müssen wir lernen, grundlegend umzudenken. Erfolg ist kein Zufall, kein Geschenk, das ohne Grund dem einen zufällt und dem anderen nicht. Erfolg muss geschaffen werden. Der »glückliche Zufall« begünstigt nur den, der das Gesetz von Ursache und Wirkung befolgt hat. Erfolg ist eine Konsequenz unseres richtigen Denkens und Handelns.

Erfolg stellt sich
als logische Folge
unseres Verhaltens ein.

Es gibt Menschen, die bereit sind, alles zu tun, um weiterzukommen – außer dafür zu arbeiten. Wir sollten Gottes Segen für unsere Arbeit erbitten, aber wir sollten nicht erwarten, dass er die Arbeit auch noch tut. Für den Erfolg ist nicht entscheidend, was man weiß, sondern das, was man in die Tat umsetzt. Das Können allein bewirkt nichts, sondern erst das Tun.

Wenn wir etwas erreichen wollen, so bleibt uns nichts anderes übrig, als uns sehr beharrlich und zielbewusst auf den Weg zu machen. Natürlich müssen wir auf diesem Weg auch Rückschläge und Misserfolge in Kauf nehmen. Worauf es aber ankommt, ist, was wir aus den Hindernissen machen – ob wir uns durch sie abschrecken und aufhalten lassen, oder ob wir sie als Sprungbrett zu neuen Erfolgen nutzen. Für den Erfolgreichen sind Misserfolge immer nur Zwischenergebnisse auf dem Weg zum Erfolg – jeder Rückschlag ist eine Chance, beim nächsten Anlauf besser und klüger vorzugehen und mit dieser Einstellung umso sicherer Erfolg zu haben.

Schritte zum Erfolg

1. Ich muss überhaupt etwas **wollen – Motivation**

Was sich so selbstverständlich anhört, ist häufig eine recht verzwickte Angelegenheit. Nicht selten misslingt uns etwas, weil wir es – unbewusst – nicht stark genug wollten. Bevor wir auf ein Ziel lossteuern, sollten wir uns dringend fragen, ob dieses Ziel wirklich unseren ureigensten Bedürfnissen entspricht oder ob wir mit dem erhofften Erfolg vielleicht nur einem Image genügen wollen. Wenn wir etwas nur deshalb anstreben, weil wir den Applaus und die Anerkennung der anderen suchen, ist unser Handeln im Grunde doch fremdbestimmt. Es ist gar nicht so einfach herauszufinden, was wir selbst wirklich wollen – schließlich sind wir fast alle so erzogen, dass wir das als erstrebenswert und richtig erachten, was andere von uns erwarten.

Wenn wir also ein Ziel vor Augen haben, sollten die ersten Fragen lauten:

Wo liegt meine Motivation?

- Was verspreche ich mir vom Erreichen dieses Zieles?
- Will ich es wirklich?
- Warum will ich es?

2. Ich muss wissen, **was** ich will – **Zielklarheit**

Wie schon früher ausgeführt, bedarf es klarer Vorstellungen von dem, was erreicht werden soll, damit sinnvolle, zielgerichtete Handlungen ausgelöst werden. Je verschwommener meine Wünsche sind, desto träger reagieren Geist und Körper – es ist sehr schwer, sich zum Handeln aufzuraffen, wenn man nur eine diffuse Sehnsucht nach irgendetwas verspürt.

Ein Beispiel: Ich bin unzufrieden mit meinem Privatleben; ich leide darunter, in meiner Freizeit so häufig nur »rumzuhängen«. Ich habe das Gefühl, die Zeit »totzuschlagen«, nichts wirklich Sinnvolles zu tun. Daran möchte ich etwas ändern und fasse den Entschluss: In Zukunft will ich meine Freizeit sinnvoller gestalten. Ja, und bei diesem Vorhaben bleibt es dann häufig, und die Unzufriedenheit wächst.

Eine sinnvollere Zielformulierung wäre:
Ab morgen werde ich meine Abende nicht mehr vor dem Fernseher verbringen und auch nicht mehr mit Leuten, die mich eigentlich gar nicht interessieren. Stattdessen werde ich mir morgen Nachmittag Kurse heraussuchen, die in meinem Interessenbereich liegen. Mindestens einen dieser Kurse werde ich übermorgen

buchen. Ich werde den Kontakt mit ... intensivieren und mit ... eher reduzieren. Ich werde mir am Samstag Bücher über das und das Thema besorgen, weil es mich interessiert und ich schon lange mehr darüber wissen wollte ... usw. – je nach Bedürfnis und Neigung.

Zielklarheit

Entwickeln Sie sinnvolle Zielvorstellungen für folgende Entschlüsse:

(Hilfsfrage – was will ich bis wann und in welchem Ausmaß erreicht haben?)

1. »Ich will in Zukunft gesünder leben.«

Klare Zielvorstellung:

2. »Ich will beruflich weiterkommen.«

Klare Zielvorstellung:

3. »Ich würde gern meine künstlerischen Talente entwickeln.«

Klare Zielvorstellung:

4. Zwei Ihrer eigenen Ziele oder Wünsche

Klare Zielvorstellungen:

3. Ich muss die inneren **Voraussetzungen** zum Erfolg schaffen:

**Selbstbeherrschung,
Gedankendisziplin,
innere Harmonie**

Wahre Selbstbeherrschung beginnt schon bei der Beherrschung unserer Gedanken. Im Kapitel »Positives Denken« haben wir schon erörtert, welch machtvolle Energien wir mit unseren Gedanken aussenden – Kräfte, die immer auf unser eigenes Leben zurückfallen. Unsere Gedanken streben zur Verwirklichung. Beschäftigen wir uns also mit guten, kraftvollen, aufbauenden Gedanken und lassen das Negative los, dann wird sich in unserem Leben auch das Gute, Kraftvolle, Aufbauende zeigen.

»Was ihr sät, werdet ihr ernten.«

Zur Gedankendisziplin gehört auch, nicht mehr zu klagen. Klagen hilft uns ja nicht weiter – indem wir uns beklagen, lassen wir nur zu, dass sich negative, herabziehende Gedanken in unserem Bewusstsein breitmachen. Konzentrieren wir unsere Kräfte lieber

darauf, einen Ausweg aus der »beklagenswerten« Situation zu suchen, anstatt uns gehen zu lassen und der Destruktivität Tür und Tor zu öffnen.
Es gibt viele Arten, sich gehen zu lassen: Manche Leute zerfließen geradezu in Selbstmitleid, andere stürzen sich in Konsum, in Ablenkungen, diverse Freizeitvergnügen; wieder andere lassen sich von ihrem Ehrgeiz auffressen usw. Ein wunderbares Mittel, um zur inneren Harmonie zu finden, um Kontakt aufzunehmen zu unserem wahren Selbst, ist die Meditation.
Meditation ist das Loslassen aller Gedanken und Gefühle in körperlicher und geistiger Entspannung. Heute – in unserer lauten, grellen Umwelt mit ihren vielen Reizen – verlieren wir schnell den Bezug zu unserem wahren inneren Wesen. Wir haben es schwer, uns selbst zu erfahren. Meditation gibt uns die Möglichkeit zur Selbsterfahrung. Durch regelmäßiges Meditieren werden unsere inneren Kräfte harmonisiert – wir erfahren unser innerstes Selbst in der Stille und können es auf uns wirken lassen. Wir bekommen mehr und mehr Impulse aus unserem Inneren heraus, die zu unserer Selbstverwirklichung beitragen.

4. Ich muss das als richtig Erkannte auch **tun.** – **Handlung**

»Der beste Weg,
Träume Wirklichkeit werden zu lassen,
ist aufzuwachen.«

H. M. Power

Sind wir einmal so weit, dass wir ein festes Ziel vor Augen haben und auch die Grundvoraussetzungen für seine Verwirklichung stimmen, fällt es uns meist nicht mehr schwer, uns auf den Weg zu machen. Wie oft allerdings passiert es, dass wir beim ersten Hindernis zurückschauen oder uns einfach auf halbem Wege die Anstrengungen zu groß werden und uns die Begeisterung verlässt. Wir suchen dann nach einem Anlass, um umzukehren und sind enttäuscht und frustriert, wenn das ersehnte Ziel wieder in weite Ferne gerückt ist. Um etwas zu erreichen, bedarf es der Beharrlichkeit. Wir müssen durchführen, was wir beginnen.

Ein sehr einfaches Beispiel hierzu:
Sie wollen einen Kuchen backen. Dazu benötigen Sie drei Dinge: Die Substanz (Kuchenmasse), das beharrliche Feuer und eine Form. Haben Sie diese drei

erforderlichen Faktoren für das Werden dieses Kuchens beisammen und setzen Sie die in einer bestimmten Form liegende Kuchenmasse über eine gleichbleibende Ofenhitze (Beharrlichkeit des Feuers), drängt das Prinzip zur Offenbarung. Lassen Sie das Feuer unter der Kuchenmasse so lange wirken, bis die nötige Konsistenz erreicht ist (die Verdichtung bis zu Kristallisation sozusagen), so wird der Kuchen (das Geschöpf) fertig. Nehmen wir aber an, Sie würden auf halbem Wege der Sache das Feuer entziehen (auf geistiger Ebene: die Beharrlichkeit in der Begeisterung aufgeben), so würden Sie ein ungenießbares Produkt erhalten.

5. Ich muss **erwarten,** dass es nun auch sicher geschieht. – **Freisein von Zweifeln**

Ein häufiges Hindernis auf dem Weg zu einem Ziel ist mangelnder Glaube. Glauben heißt, innerlich schon zu wissen, dass das Erstrebte Wirklichkeit sein wird. Der Glaube bewirkt, dass die im Geiste bestehenden Ideen sich ungehindert verwirklichen können. Auch Zweifel ist Glaube – aber der Glaube an einen möglichen Misserfolg. Das heißt, dass wir unsere Kräfte und unsere Energien vermindern, wenn wir am Gelingen eines Vorhabens zweifeln. Uneingeschränkter Glaube hingegen konzentriert die Geistesenergien auf das Bild des erwünschten Endzustandes und ist in der Lage, dieses Bild in der kürzest möglichen Zeit zu verwirklichen.

Die erfolgreiche Persönlichkeit

Erfolg ist abhängig von der richtigen Geisteshaltung, und zwar physisch und psychisch. Ohne sie ist Erfolg nicht möglich. Von der »Mischung« der folgenden Komponenten hängt der Erfolg ab:

Sicherheit und Selbstvertrauen

Positive Stärke »Ausstrahlung«

Echte Autorität – Image und Prestige

Gutes Aussehen – richtige Kleidung

Wohlklingende Stimme

Gute Beobachtungsgabe

Geistesgegenwart

Kontaktfähigkeit

Einfühlungsvermögen

Güte und Geduld

Sympathie und Toleranz

Positive Einstellung zu Menschen

Besondere Leistung und überlegenes Fachwissen

Organisation und Zeiteinteilung

Geduld und Beharrlichkeit

Selbstbewusstsein

Sensitivität

Pädagogisches Talent, Kenntnis didaktischer Methoden

Selbsterkenntnis

Motivation und Enthusiasmus

Gutes Gedächtnis und Konzentration

Körperliche Fitness und optimale Atmung

Regelmäßige Meditation

Wer nach innen und außen die richtige Geisteshaltung gefunden hat, dem fällt der Erfolg als logisches Endprodukt dieser Geisteshaltung in den Schoß.

Nur wer selbst überzeugt ist, überzeugt auch andere!!!

Nur wer selbst begeistert ist, begeistert andere!!!

Wer aber nicht an sich selbst glaubt, kann auch nicht erwarten, dass andere an ihn glauben.

16 Erfolgsprinzipien

1. Positive Geisteshaltung
2. Zielstrebigkeit
3. Der Wille, keine Mühe zu scheuen
4. Logisches Denken
5. Selbstdisziplin
6. Verstand, Vernunft und Intuition
7. Angewandter Glaube
8. Initiative
9. Angenehmes Wesen
10. Begeisterung

11. Aufmerksamkeit

12. Bereitschaft zur Zusammenarbeit

13. Bereitschaft, aus Fehlern zu lernen

14. Schöpferische Fantasie

15. Sorgfältige Einteilung von Zeit und Geld

16. Gesunderhaltung von Geist und Körper

Arbeitsblatt 15

Welche der genannten Persönlichkeitsmerkmale und Erfolgsprinzipien sind bei mir schon recht stark ausgeprägt:

An welchen sollte ich noch arbeiten:

Wie kann ich an ihnen arbeiten:

Gesundheit

Dieses letzte Kapitel soll einem »Problemkreis« gelten, der uns alle zutiefst betrifft und mit dem umzugehen wir lernen müssen – hängen doch alle unsere Absichten und Vorhaben, unser Lebensglück letztlich davon ab: von unserer Gesundheit nämlich. Auch hier müssen wir uns von dem bequemen Gedankenmuster trennen, dass dieser Bereich nicht in unserer Verantwortung liege, dass Gesundheit mehr oder weniger Zufall sei und wir es getrost den Ärzten und Apotheken überlassen können, für unser Wohlergehen zu sorgen. Nein, wir selbst müssen für uns schauen, unsere Gesundheit liegt sehr wohl in unserer eigenen Verantwortung.

Wohl jeder Mensch möchte gern das Leben genießen, aber nur wenige genießen wirklich das Leben, denn wirklich genießen kann man das Leben nur bei bester Gesundheit. Wir aber laufen dem Genuss nach und treiben Raubbau mit unseren Kräften, anstatt die Gesetze der Natur zu beachten. Wir suchen Glück und ernten Krankheit. Belohnt wird nur der wahre Lebenskünstler, denn das Leben ist wirklich eine Kunst.

Der Schlüssel zur Lebensfreude ist nicht Jugend, denn Jugend ist doch auch ein Mangel an Erfahrung, auf die kaum jemand wirklich verzichten möchte. Der wahre Schlüssel ist die Vitalität, und die ist nicht an ein bestimmtes Alter gebunden. Sie kann aufgebaut, gepflegt und gesteigert werden.

Alle wollen alt werden, alt sein aber will niemand. Es ist sicher nicht der Sinn des Lebens, möglichst alt zu werden, um dann krank und unglücklich zu sein. Aber die meisten Menschen leben heute nicht länger, sie sind nur länger krank.

Solange wir unseren Vertrag mit der Natur einhalten, solange tut auch die Natur ihren Teil. Dazu gehört, dass wir unseren Körper pflegen, dass wir ihn richtig ernähren, dass wir richtig atmen und uns ausreichend ernähren. Was bedeuten schon die Jahre, die im Ausweis stehen, wenn wir gesund und lebensfroh sind.

Doch auch das längste und gesündeste Dasein geht eines Tages zu Ende, und deshalb sollten wir jeden Tag nutzen. Es könnte der letzte sein.

Es ist eine feststehende Tatsache, dass ein gesundes Alter in der Jugend vorbereitet werden muss, und man kann gar nicht früh genug damit beginnen.

Unsere mentale, psychische und physische Gesundheit beruht auf 5 Punkten:

1. **Gesunde, natürliche Ernährung, die mäßig aber regelmäßig erfolgt, mit zusätzlichen Vitamingaben.**
2. **Ausreichende körperliche Bewegung und Entspannung.**
3. **Eine sinnvolle und ausfüllende Tätigkeit.**
4. **Kontakte zu anderen Menschen.**
5. **Eine gute Lebensphilosophie und wahre Religion, Rückbindung an den Urgrund.**

Durch die Beachtung dieser fünf Punkte bewahren Sie Ihre Vitalität, stärken Ihre Widerstandskraft und geben Ihrem Leben mehr Freude. Doch fördert der Anstieg der »Lebensqualität« zwei Gefahren, die nicht zu unterschätzen sind:

1. **Die Bequemlichkeit**
2. **Die Esslust**

Mit der Bequemlichkeit aber kommt die ungenügende Versorgung mit Sauerstoff. Der Mensch kann wochenlang ohne Nahrung und tagelang ohne Flüssigkeit auskommen, aber nur wenige Minuten ohne Sauerstoff. Erkennen wir die Luft als unser Grundnahrungsmittel, das uns sogar kostenlos geliefert wird. Eine gute Sauerstoffversorgung aber ist die beste Medizin gegen vorzeitiges Altern. Ein Mangel an Sauerstoff führt zu schnell nachlassender Leistungsfähigkeit, frühzeitigem Altern, zu Beschwerden und Krankheit. Schon aus Gründen der besseren Sauerstoffversorgung sollten wir für tägliche körperliche Bewegung sorgen. Damit trainieren wir Herz und Lungen und halten sie gesund und leistungsfähig bis ins hohe Alter.

Bei sitzender Lebensweise nimmt der Mensch pro Minute etwa 7 Liter Atemluft auf. Beim Spazierengehen erhöht sich die Luftaufnahme auf etwa 15 Liter, aber schon bei einem langsamen Dauerlauf werden etwa 40 Liter Atemluft aufgenommen. Spazieren gehen reicht also nicht aus. Nur Dauerlauf oder eine ähnliche Körperbelastung wie Radfahren, Schwimmen usw. von täglich mindestens 20 Minuten kann uns auf die Dauer gesund und fit halten. Dabei sollten wir wenigstens einmal am Tag ins Schwitzen kommen, und der Puls sollte für mindestens 10 Minuten bei ca. 130 gehalten werden. Weniger trainiert ist nicht ausreichend, viel mehr ist schädlich.

Das Beste für den Kreislauf sind noch immer Wechselduschen, Zuerst warm, beginnend beim rechten

Bein, dann linkes Bein, Po, Bauch, rechter Arm, linker Arm, Brust und Rücken. Dann das Gleiche kurz kalt, aber nicht eiskalt. Abends kann man dann noch ein Kräuterbad nehmen mit Rosmarin und Fichtennadel. Das stärkt nicht nur den Kreislauf, es beruhigt auch die Nerven und verbessert die Durchblutung der Haut. Aber nie länger als 15 bis 20 Minuten bei 36 bis 38 Grad baden, sonst wird das Gegenteil bewirkt. Nun zum Essen. Man hört immer wieder, dass eine ausgewogene, natürliche Kost genüge, um den Körper vor Mängeln zu schützen. Das ist heute jedoch nicht mehr richtig. Unsere Böden werden durch chemische Düngemittel ertragsfähig gehalten, sonst wären sie längst völlig ausgelaugt. Die Felder werden Jahr für Jahr wieder bestellt, ohne sich erholen zu können. Dazu kommen »Pflanzenschutzmittel«, also Pestizide, Fungizide und Unkrautvernichtungsmittel, die auch von den Nutzpflanzen aufgenommen werden. Wo wachsen noch Korn- und Mohnblumen? Sogar der Löwenzahn verschwindet immer mehr von den Wiesen. Spuren dieser »Schutzmittel« nehmen wir ständig mit unserer Nahrung auf. Dann dürfen wir natürlich nicht die sogenannten »Veredlungsverfahren« und die Konservierungsmittel vergessen, die sich ebenfalls nicht gerade gesundheitsfördernd auswirken. Der raffinierte und gebleichte Zucker, das ausgemahlene Mehl, geschälter Reis, gefärbte Nahrungsmittel – alles das gab es früher nicht. Von den möglichen Antibiotika und Hormonen der Schlachttiere ganz zu schweigen.

Außerdem brauchten unsere Vorfahren, häufig noch unsere Großeltern, täglich etwa 3'600 Kalorien natürlicher Nahrung wegen der harten körperlichen Arbeit. Heute benötigen wir höchstens 1'800 Kalorien, schon um eine Gewichtszunahme zu vermeiden. Mit der Hälfte der Nahrungsaufnahme hat sich natürlich auch der Bestandteil der Vitamine, Mineralien und Spurenelemente halbiert. Durch unsere höhere Nervenbelastung, durch Stress, Lärm und Luftverschmutzung benötigen wir aber eher die dreifache Menge. Hier hilft also nur die zusätzliche Zufuhr von Vitaminen und Mineralstoffen. Sonst ist der Raubbau vorprogrammiert.

1. Es entwickeln sich Mangelerscheinungen durch unzureichende oder unnatürliche und unausgewogene Nahrung.
2. Dieser Mangel macht sich im Blut bemerkbar, es werden Gewebereserven herangezogen. Sind die

erschöpft, wird den Organen das Benötigte entzogen. In diesem Stadium treten Fehlfunktionen auf, die selten als Folge der Fehlernährung erkannt werden.

3. Nun treten zunächst Gewebeveränderungen auf, die nur mikroskopisch zu erkennen sind. Später werden diese Veränderungen auch für das Auge sichtbar. Zahnfleischbluten und Nervenentzündungen treten auf, die Vitalität und die Widerstandskraft gegen Infektionen, sowie die Fähigkeit, mit Stress fertig zu werden, lassen nach. Verhaltensstörungen folgen und letztlich Änderungen der Persönlichkeit. Es folgen Krankheit, vorzeitiges Altern und oft der Tod.

Der zweifache Nobelpreisträger Linus Pauling glaubt, dass die Lebenserwartung der Menschen und die Vitalität des Menschen durch richtige Ernährung und den Ausgleich der vorhandenen Mängel um 20 Jahre verlängert werden können. Mangelerscheinungen beschleunigen den Altersprozess, und das Altern schreitet dort am schnellsten fort, wo die Mangelerscheinungen am vielfältigsten sind. Das heißt, dass wir möglichst oft, mindestens einmal am Tag, lebendige Nahrung zu uns nehmen sollten. Das sind in erster Linie Körner, Samen und Früchte. Dazu frisches Gemüse und Salat – alles möglichst roh oder nur gedünstet. Möglichst Vollkornbrot und Erzeugnisse aus Vollkornmehl essen. Außerdem sollten wir stets darauf achten, ausreichend zu trinken – das heißt konkret etwa 2 bis 2,5 Liter am Tag. Das erleichtert den Nieren die Arbeit. Es ist auch sehr wichtig für die Darmtätigkeit und die Funktionen der Haut. Wer nicht genug trinkt, entzieht damit den Verdauungsorganen Wasser, was zur Stuhlverstopfung führt. Es gibt sicherlich keinen Menschen, der täglich 3 Liter trinkt und über Verstopfung klagt.

Trinken Sie auch, wenn Sie keinen Durst haben – der Durst ist ein unzuverlässiger Ratgeber. Besonders im Alter lässt das Durstgefühl nach. Trinken Sie aber nicht während der Mahlzeiten, entweder eine halbe Stunde vorher oder eine Stunde danach. Wenn Sie es nicht gewöhnt sind, so viel zu trinken, fangen Sie langsam an, damit sich Ihr Organismus an das plötzliche Flüssigkeitsangebot gewöhnen kann.

Im Zusammenhang mit Ihrer Ernährung sollten Sie die folgenden Regeln beachten:

1. Nach dem Aufstehen 1–2 Glas Wasser trinken.
2. Regelmäßig 1–2 mal am Tag zur Toilette gehen.
3. Täglich – möglichst morgens – Müsli essen mit einem Löffel Milchzucker und viel Obst.
4. Nur essen, wenn Sie wirklich Hunger haben. Appetit genügt nicht. Echter Hunger ist ein physiologisches Signal.
5. Bei Müdigkeit und Aufregung sollten Sie gar nichts essen.
6. Sorgfältiges Kauen ist besonders wichtig.
7. Unbedingt meiden sollten Sie: Süßigkeiten aller Art, alles, was weißen Zucker enthält, auch Coca Cola und Limonaden.
8. Viel zwischendurch trinken, jedoch keinen Tee, keinen Kaffee, keine gesüßten Säfte, oder höchstens jeden Tag ein Schnapsgläschen voll.
9. Nicht während der Mahlzeiten trinken, sondern entweder eine halbe Stunde vorher oder eine Stunde danach.
10. Keine Abführmittel nehmen, auch keine natürlichen.

11. So oft wie möglich Früchte und Gemüse essen – nach Möglichkeit roh.

12. Nach Möglichkeit kein Fleisch, sonst wenig Fleisch essen, aber nichts vom Schwein, also auch keine Wurst.

13. Verboten sind vor allem:

    - Alle Auszugsmehlprodukte (weißes Mehl)
    - Alle Produkte mit Fabrikzucker (auch nicht mit braunem Zucker)
    - Alle denaturierten Fette (Margarinen und Öle)

    Geboten sind:

    - Vollkornbrot und Vollkornerzeugnisse
    - Frischkorngerichte
    - Rohkost (Obst und Gemüse)
    - Naturbelassene Fette (20 Gramm pro Tag)

14. Hin und wieder fasten, oder wenigstens eine Mahlzeit auslassen.

15. Alle Speisen möglichst nicht kochen, sondern nur dunsten mit wenig Wasser und geringer Hitze.

16. Nicht nach 18 Uhr essen.

Die 7 goldenen Regeln, um 11 Jahre länger zu Leben

Das Gesundheitsministerium von Kalifornien hat in Zusammenarbeit mit der Universität von Los Angeles ein umfassendes Gesundheitsprogramm erarbeitet und an 7 000 Kaliforniern erprobt. Die Hochrechnung ergab, dass sich die Lebenserwartung beim Mann durch Einhaltung dieser Regeln um 11 Jahre, bei der Frau um 7 Jahre erhöht.

1. Jeden Tag mindestens 7 bis 8 Stunden schlafen. Aber nicht länger als 9 Stunden schlafen.
2. Jeden Morgen regelmäßig und in Ruhe frühstücken.
3. Die Mahlzeiten regelmäßig und in Ruhe einnehmen und zwischen den Mahlzeiten absolut nichts essen.
4. Übergewicht sofort abbauen und künftig vermeiden.
5. Weniger, besser keinen Alkohol trinken, dafür aber täglich 2 1/2 Liter Flüssigkeit trinken. Weniger Kaffee oder schwarzen Tee und nicht nur

Mineralwasser, sondern Kräutertee und »stille« Mineralwasser ohne Kohlensäure trinken.

6. Das Rauchen völlig einstellen.
7. Regelmäßiges Körpertraining durch tägliche Fitness-Übungen betreiben. Das Buch »Fitness für Faule« kaufen und danach handeln (Astronauten-Training).

Wie alt ist Ihr Körper wirklich?

(ausgearbeitet vom Institut für geistige Lebensführung, Bergisch-Gladbach)

1. Frühstücken Sie regelmäßig in Ruhe?

   Nein: + 5

   Ja: - 5

2. Trinken Sie täglich mindestens 2 Liter Flüssigkeit?

   Ja: - 5

   Wenn Sie weniger trinken: + 5

3. Nehmen Sie alle Mahlzeiten regelmäßig und in Ruhe ein?

   Ja: - 5

   Nein: + 5

4. Essen Sie zwischen den Mahlzeiten absolut nichts?

   Ja: - 5

   Wenn manchmal: + 5

   Wenn regelmäßig oder doch häufig: + 10

5. Haben Sie Ihr Idealgewicht?

   Ja: - 5

   Pro 10 Pfund mehr: + 5

6. Lassen Sie alle 3 Jahre eine Generaluntersuchung machen?

   Ja: - 10

   Teiluntersuchung: - 5

7. Gehen Sie zweimal jährlich zum Zahnarzt?

   Ja: - 5

   Nein: + 5

8. Haben Großeltern, Eltern oder Geschwister Krebs gehabt?

   Ja: + 10

9. Tun Sie regelmäßig etwas für Ihre Fitness?

   Ja: - 10

   Nein: + 20

10. Sind Sie stets gelassen (-5) oder angespannt?

    Ja: + 10

11. Haben Sie über 130/80 Blutdruck?

    Ja: + 5

    Über 150/90: + 10

    Über 170/100: + 30

12. Sind Sie herzkrank?

    Ja: + 30

    Kleinere oder gelegentliche Belastung: + 10

13. Haben Sie über 220 Cholesterin?

    Ja: + 5

14. Haben Sie Rheuma?

Ja: + 40

15. Haben Sie Asthma?

Ja: + 10

16. Haben Sie Diabetes?

Ja: + 20

17. Hatten Sie bereits eine Lungenentzündung?

Ja: + 5

18. Ist Ihr Familienleben harmonisch?

Ja: - 10

Gespannt: + 20

19. Haben Sie öfter Depressionen?

Ja: + 20

20. Wohnen Sie in einer Großstadt?

Ja: + 5

Auf dem Land: - 5

In einem Vorort +/- 0

21. Ist die Luft schmutzig?

    Ja: + 10

22. Rauchen Sie?

    Nein: - 10

    Sonst pro Packung am Tag: + 10

23. Trinken Sie nie oder ganz selten Alkohol?

    Ja: - 10

    Manchmal: + 5

24. Essen Sie viel Gemüse, Obst, Vollkornprodukte?

    Ja: - 5

25. Essen Sie täglich Fleisch?

    Ja: + 10

26. Trinken Sie täglich mehr als 4 Tassen oder Gläser Kaffee, Tee oder Coca Cola?

    Ja: + 10

27. Nehmen Sie oft Tabletten?

    Ja: + 30

28. Sind Sie mit Ihrer Tätigkeit zufrieden?

Ja: - 5

Nein: + 10

29. Ist Ihr Vater über 68 Jahre alt?

Ja: - 1 pro Jahr

Starb er vor seinem 68. Lebensjahr?

Ja: + 5

30. Ist Ihre Mutter 73 oder älter?

Ja: - 1 pro Jahr

Starb Ihre Mutter vor ihrem 73. Lebensjahr?

Ja: + 5

Auswertung: Zählen Sie die Plus- und die Minuspunkte zusammen. Teilen Sie das Ergebnis durch 10, zählen Sie das Ergebnis der Pluspunkte zu Ihrem Alter dazu und ziehen Sie das Ergebnis der Minuspunkte von Ihrem Alter ab.

So alt ist Ihr Körper wirklich. ______________ Jahre

Bejahung – Gesundheit

Als Abschluss dieses Themenbereiches nun noch einige (Auto-)Suggestionsformeln, die Sie auswendig lernen und in Ihre Entspannungsübungen »einbauen« können:

Meine positive Lebenseinstellung macht mich gesund und glücklich und hilft mir zur Selbstverwirklichung.

Ich esse ganz bewusst das Richtige im rechten Maß. Ich esse ausgewogen und mäßig, und dadurch bin ich leistungsfähig und fühle mich wohl.

Ich habe einen gesunden, natürlichen, erholsamen Schlaf. Ich wache jeden Morgen frisch und gut gelaunt auf und gehe mit Freude durch den Tag.

Ein wunderbares Wohlgefühl durchströmt meinen ganzen Körper und erfüllt jede einzelne Zelle mit Kraft, Gesundheit und Harmonie.

Ruhig und gelassen löse ich die Aufgaben, die das Leben mir stellt. Ich erfülle meine Aufgaben mit Begeisterung und erreiche jedes gesteckte Ziel.

Meine Zuversicht gibt mir Ausdauer und stärkt meinen Mut.

Dank meiner Kraft und Gesundheit bin ich unabhängig und frei.

Dankbar erkenne ich die Chance, jeden Tag mein Leben und meine Zukunft neu gestalten zu können.

Einige Abschlussüberlegungen

Habe ich vom Lesen dieses Buches profitiert?
In welcher Hinsicht:

Welche Themenbereiche haben mich
vor allem interessiert:

Welche Entschlüsse habe ich aufgrund der Beschäftigung mit den erörterten Themen gefasst:

Mit welchen Maßnahmen werde ich beginnen, um diese Entschlüsse in die Tat umzusetzen: Wann werde ich damit beginnen?

Anhang

Auf den folgenden Seiten finden Sie noch einige »Tipps« und Anregungen, die dazu dienen sollen, Ihnen den Umgang mit problematischen Phasen Ihres Lebens zu erleichtern. Ganz allgemein werden sie dazu führen, dass man seinen Aufgaben und Schwierigkeiten gelassener und harmonischer gegenübersteht. Außerdem sind dort noch einige Gedanken zusammengefasst, die aufbauen und positiv stimmen können, wenn man sich in aller Ruhe mit ihnen befasst und sie auf sich wirken lässt.

Wer sein Glück anderswo sucht
als in sich selbst,
wird es niemals finden.

Lin Yutang

Die Morgenschau

Ich erkenne:

Dass ich diesen Tag nicht mit den Scherben von gestern beginnen möchte. Ich öffne mich ganz den Möglichkeiten, die mir dieser Tag bietet, und ich bin bereit, mein Bestes zu geben.

Ich frage mich jeden Morgen:

- Was will ich heute erreichen?
- Wie erreiche ich es am besten?
- Was will ich auf jeden Fall vermeiden?
- Wie möchte ich mich verhalten?
- Welche Situationen oder Begegnungen habe ich heute zu erwarten? (Mental vorauserleben und zu einem »imaginären Erfolgserlebnis« machen. So setze ich erwünschte geistige Ursachen.)

Mehrmals täglich stelle ich mir in der Imagination vor:

- Licht und Gesundheit durchströmen mich.
- Kraft und Harmonie erfüllen mich.
- Was ich tue, das tue ich ganz.
- Ich stelle einen Wächter vor das Tor zu meinem Bewusstsein, der nur Gutes hinauslässt.

So wird nur noch erwünschte Zukunft verursacht, und mein Leben wird immer schöner.
Ich danke immer wieder für das viele Gute, das ich schon habe, und gehe froh und sicher durch den Tag.

Die Tagesrückschau

Ich erkenne:
Das Außen ist ein Spiegelbild meiner Innenwelt; denn mein Verhalten gestaltet meine Verhältnisse. Gefällt mir außen etwas nicht, ist in mir etwas nicht in Ordnung, und nur dort kann ich es ändern.

Jeden Abend lasse ich den Tag noch einmal vor meinem geistigen Auge vorüberziehen.

Ich frage mich:

- Was habe ich heute gesagt und getan?
- Was davon war wichtig, was unwichtig?
- Was wollte ich erreichen – was habe ich erreicht?
- Was war richtig, was war falsch?
- Wie hätte es richtig sein sollen? (Mental umerleben und zu einem »imaginären Erfolgserlebnis« machen.)

Psychohygiene:
Ich versöhne mich mit allen Menschen, mit denen ich derzeit nicht in Harmonie bin. Ich versöhne mich vor allem mit mir und nehme mich so an, wie ich derzeit noch bin, aber ich distanziere mich bewusst von allem Negativen, wende mich innerlich ganz dem Positiven zu und bejahe es.
Ich erkenne bewusst, wie viel Grund ich habe, glücklich zu sein, und ich bin dankbar dafür.
Vor dem Einschlafen lasse ich bewusst den Tag los, nachdem ich ihn so »bereinigt« habe, und ich freue mich auf einen neuen Tag.

Ein erfülltes Leben

Viele möchten ein erfülltes Leben leben, sehen aber keinen Weg. Das erscheint als eine so große Aufgabe, dass man den Anfang oft nicht findet.
In Wirklichkeit ist der erste Schritt ganz einfach. Er lautet:

»Erfülle den Augenblick.«

Tue das, was der Augenblick von dir fordert, und tue es so gut du kannst, sodass du sagen kannst:

»Ich habe mein Bestes gegeben.«

Wer in jedem Augenblick tut, was zu tun ist, und weiß, dass er sein Bestes gegeben hat, der hat den Augenblick erfüllt. So erfüllt er einen Augenblick nach dem anderen und blickt eines Tages auf eine Kette von erfüllten Augenblicken zurück:

Auf ein erfülltes Leben.

Probleme

– Jedes Problem ist lösbar. –

Jedes Problem ist eine Aufgabe, die das Leben mir jetzt stellt.

Jedes Problem ist ein Maßanzug für mich. Ich habe Kräfte und Fähigkeiten, die ich zu seiner Lösung brauche.

Ich brauche weder Hilfe von außen noch muss ich auf irgendetwas warten.

Der richtige Zeitpunkt, ein Problem zu lösen, ist dann, wenn es sich stellt.

Das Leben erwartet die Lösung.
Jetzt.

Es kommt auf den Standpunkt an, ob ich überhaupt ein Problem haben kann

Ich erkenne:
Ich bin eine ewig lebende Seele.

Dieses Leben ist nur eines von unzähligen, in denen ich immer neue Erfahrungen machen werde.

Dieses Problem ist nur eines von den unzähligen, die ich bereits gelöst habe und noch lösen werde.

In ein paar Tagen, Wochen, spätestens in ein paar Jahren wird es vergessen sein – unwichtig geworden, gelöst sein.

Warum also soll ich mich jetzt darüber aufregen?

Ich weiß, dass es der Zweck des Lebens ist, mich ständig mit neuen Schwierigkeiten zu konfrontieren, und dass es der Sinn des Lebens ist, diese Schwierigkeiten optimal zu meistern und daran zu wachsen und zu reifen.

So entwickle ich eine ganz neue Einstellung zu Schwierigkeiten. Ich suche und finde in aller Ruhe die beste Lösung, führe sie durch und bin

bereit, die nächste Aufgabe zu lösen.

So ändere ich meine Situation

Ich bin zunächst nur stiller Beobachter.

Ich nehme zunächst nur einmal wahr, wie die Situation zurzeit wirklich ist. Nüchtern, sachlich, objektiv – bis ich die Wirklichkeit hinter dem Schein erkenne.

Ich bestimme das Ziel.

Also den »erwünschten Endzustand«. Das kann ein Nahziel sein – oder meine Lebensaufgabe.

Ich prüfe mein Verhalten.

Ist mein derzeitiges Verhalten wirklich hilfreich, um das erklärte Ziel zu erreichen? Was muss ich lassen, lernen, ändern, verstärken usw.?

Ich bestimme das optimale Verhalten.

Welches sind die besten Mittel, mein Ziel zu erreichen – welches ist der beste, schnellste, sicherste Weg?

Ich stelle einen Zeitplan auf.

Ich bestimme die Prioritäten; ich erkenne, was wichtig, was unwichtig und was dringend ist.

Ich schaffe die erforderlichen Voraussetzungen.

Ich beseitige Hemmungen und Blockaden, stärke meine Motivation, finde Helfer und tue alles auf meiner Ebene, um den Erfolg zu sichern.

Ich starte.

Ich erkenne, dass der beste Zeitpunkt zur Änderung

einer Situation dann ist, wenn sie mir ins Bewusstsein tritt – also jetzt.

Ich tue, was zu tun ist, und ich halte beharrlich durch, bis das gewünschte Ziel erreicht ist. Jeder Misserfolg ist für mich ein Sprungbrett auf dem Weg zum sicheren Erfolg.

Persönliche Notizen:

Über den Autor

Kurt Tepperwein wurde 1932 in Lobenstein geboren. Er war erfolgreicher Unternehmer und langjähriger Unternehmensberater, bis er sich 1973 aus dem Wirtschaftsleben zurückzog und Heilpraktiker sowie Bewusstseinsforscher wurde, um nach den wahren Ursachen von Krankheit und Leid zu suchen.

In seiner Naturheilpraxis hielt er für seine Patienten Seminare ab, die so großen Anklang fanden, dass sie heute in vielen Ländern veranstaltet werden. Er absolvierte vielfältige Ausbildungen und erfuhr unzählige Ehrungen. Seit 1997 ist Kurt Tepperwein Dozent an der »Internationalen Akademie der Wissenschaften«, wo er das von ihm etablierte Mentaltraining unterrichtet. Kurt Tepperwein hat bislang mehr als 80 Bücher und Hunderte von Videos, DVDs sowie Audio-CDs veröffentlicht.

Kurt Tepperwein

Leben wie Little Buddha

Das Leben durchschauen und die Forschungsreise ins eigene Bewusstsein wagen, um unsere wahre Identität zum Vorschein zu bringen und das Außergewöhnliche im Alltag zu erleben.
Um mühelos und dankbar die Kunst des Manifestierens und der Selbstheilung zu erlernen und immer die richtige Entscheidung zu treffen, liefert dieses Buch das nötige Werkzeug in Form von praxisbezogenem Training, das uns zu unserem wahren Sein führt – durch die bewusste Ausrichtung unserer Aufmerksamkeit auf das, was sein soll.
Erwachen in ein Bewusstsein, das grenzenlos und allumfassend ist, das alles kann, alles ist und alles weiß.

160 Seiten, 2-farbig, broschiert, mit abgerundeten Ecken · ISBN 978-3-89845-676-0 · € [D] 11,00

Kurt Tepperwein

Entdecke dich neu und werde glücklich

Was macht Sie glücklich? Ein schöner Urlaub, eine Gehaltsaufbesserung oder ein neuer Lebenspartner? Die Jagd nach dem Glück ist so alt wie die Menschheit selbst. Aber was ist Glück? Und wer weiß wirklich, wie man es erlangen kann?
Ratschläge für ein besseres Leben gibt es zur Genüge, doch oft bleibt es bei leeren Versprechungen. Bestsellerautor Kurt Tepperwein wagt sich nun mit Humor und Tiefe an das Thema und zeigt, wie wir dem Leben eine neue Richtung geben und uns regelrecht auf Erfolg programmieren können. In kurzweiligen Übungen lernen Sie, was Sie sich wirklich ersehnen, erhoffen und wünschen. Und was Sie tunlichst unterlassen sollten, um das Glück nicht zu vertreiben

160 Seiten, broschiert, mit abgerundeten Ecken · ISBN 978-3-89845-628-9 · € [D] 11,00

Kurt Tepperwein

Nichts geschieht umsonst

Die Sprache des Lebens verstehen

Alles, was uns begegnet, und alles, was uns widerfährt, sind Botschaften des Lebens, die uns etwas Wichtiges mitzuteilen haben. Das Leben spricht ständig zu uns, allerdings müssen wir die Sprache des Lebens erst erlernen. Wenn Sie diese Sprache beherrschen, ist es Ihnen sogar möglich, die Botschaften des Lebens gezielt abzufragen. Sie können alle Erfahrungen und die verschiedensten Arten von Hinweisen optimal für sich nutzen, um ein erfolgreiches, erfülltes und gesundes Leben zu führen. Ein Buch, das sich mit allen Alltagsthemen auseinandersetzt und keine Fragen offenlässt.

176 Seiten, broschiert · ISBN 978-3-89845-412-4 · € [D] 12,65

Kurt Tepperwein

Das Erfolgs-Mindset

Zeitlos, inspirierend, wertvoll

Frust, Angst, Zweifel ade – und hallo Selbstsicherheit, Erfolg und Harmonie. So einfach? Ja, mit der revolutionären Methode des Mindset können Sie Ihren Sorgen endlich Lebewohl sagen und sich auf ein Leben in Freude und Fülle freuen. Mentalcoach Kurt Tepperwein hat hilfreiche Gedanken gesammelt, die Sie erkennen lassen, wer Sie wirklich sind, was Sie vom Leben erwarten dürfen und welche Aufgabe Sie persönlich hier erfüllen sollen. Zeitloses und wertvolles Wissen, das Sie regelrecht umprogrammiert auf das Leben, das Sie sich immer erträumt haben. Nutzen Sie Ihre kreativen Gedanken!

160 Seiten, farbig, broschiert · ISBN 978-3-89845-668-5 · € [D] 15,00

Kurt Tepperwein

Was immer du willst

Magnetisch anziehen, was Freude macht

Jeder Mensch besitzt magnetische Kräfte. Er strahlt nicht nur etwas aus, sondern verfügt auch über eine unbewusste Anziehungskraft. Mit Hilfe dieses Buches zeigt Ihnen Kurt Tepperwein, wie Sie Ihre Sinne schärfen und Ihre Magnetkräfte aktivieren können, um Ihrem Leben eine Richtung zu geben, die nicht nur befriedigend ist, sondern die Sie wirklich zufrieden und glücklich macht. Wenn Sie also magnetisch anziehen wollen, was Freude macht, und sich nebenbei von alten Gewohnheiten trennen möchten, halten Sie das absolut richtige Buch in der Hand. Es ist an der Zeit, dass Sie bekommen, was immer Sie wollen!

136 Seiten, broschiert · ISBN 978-3-89845-608-1 · € [D] 12,00

Anjana Gill

Sprichst du schon kosmisch?

Deutsch – Kosmisch, Kosmisch – Deutsch

Kosmisch leben ist der ultimative Durchbruch zu einem völlig neuen Lebensgefühl. Wünsche waren gestern, Erfüllung ist heute.
Anjana Gill entschlüsselt den »Geheimcode« für die Zusammenarbeit mit dem Universum. Und die Zeichen, die das Universum uns schickt, sind nicht länger rätselhaft.
Begeistert stellen wir fest: Ja! Das Universum und wir wir können die gleiche »Sprache« sprechen und so die Türen zu einem unfassbar schönen Leben öffnen. Bisher hieß es: Das Leben ist anstrengend. Auf Kosmisch wird daraus: Ich bin ein Glücksmensch.

224 Seiten, 2-fbg., broschiert · ISBN 978-3-89845-654-8 · € [D] 15,00

Klaus G. Lieg

Entspannung auf den Punkt gebracht mit der Akupressurmatte

Beruflicher Druck, Verkehrslärm, Zeitnot oder emotionale Belastungen sind allgegenwärtige Stressquellen. Umso wichtiger ist es, aus diesem krankmachenden Kreislauf auszusteigen und ein Gegengewicht zu schaffen.
Klaus G. Lieg beschäftigt sich seit über 30 Jahren mit dem Thema psychische Belastung und mit verschiedensten Entspannungstechniken. Er zeigt dir, wie du mit der innovativen Kombination aus klassischen Entspannungstechniken mit der Akupressurmatte endlich Ruhe und Entspannung findest, psychische Beschwerden linderst, seelische oder körperliche Blockaden auflöst und neue Kraft tankst.

96 Seiten, farbig mit Abbildungen, broschiert · ISBN 978-3-89845-666-1 · € [D] 8,00

Irene Lauretti

Mit der Kraft deiner Hände

Energieheilgriffe für schnelles Wohlbefinden

Egal, wo Sie gerade sind oder wie viel Zeit Sie haben – Sie jederzeit schnell und effektiv Ihre Gesundheit stärken, Beschwerden lindern und Ihre Energiereserven auffüllen.
Irene Lauretti zeigt Ihnen, wie Sie Ihre Selbstheilungskräfte mobilisieren. Alles, was Sie dafür benötigen, sind Ihre Hände. Durch sanftes Halten der Finger und Berühren bestimmter Energiepunkte am Körper erreichen Sie jeden Bereich Ihres Seins. Die Heilgriffe geben Ihnen in jedem Augenblick genau das, was Ihr Körper und Ihre Seele gerade benötigen!
Erreichen Sie ab sofort einfach und schnell mehr Wohlbefinden, Gesundheit und Vitalität!

128 Seiten, 4-farbig, wattiert, gebunden · ISBN 978-3-89845-499-5 · € [D] 12,95

Weiterführende Informationen zu
Büchern, Autoren und den Aktivitäten
des Silberschnur Verlages erhalten Sie unter:
www.silberschnur.de

Natürlich können Sie uns auch gerne den
Antwort-Coupon aus dem beiliegenden
Lesezeichenflyer zusenden.

Ihr Interesse wird belohnt!